时刻关注 二战经典战役纪实

血捍莫斯科

THE BATTLE IN MOSCOW

二战经典战役编委会·编译

中国铁道出版社有限公司
CHINA RAILWAY PUBLISHING HOUSE CO., LTD.

前言 | 血捍莫斯科

The Battle in Moscow

1941 年 9 月 30 日至 1942 年 4 月 20 日，苏德战争进入白热化阶段，双方爆发了具有特殊意义的莫斯科会战。苏军为保卫首都而进行的莫斯科保卫战，既是"二战"期间最大规模的城市保卫战，也是人类战争史上最大规模的城市保卫战。

莫斯科是苏联的首都，也是苏联最大的城市和全国的政治、经济、军事、文化、交通中心，具有极为重要的战略地位。莫斯科位于东欧平原的中部，莫斯科河两岸，同伏尔加河有运河连接，不仅是全苏铁路、公路和航空运输的中心，而且在水路运输上也占有重要地位，是五海（波罗的海、白海、黑海、亚速海和里海）通航的港口。另外，莫斯科还是苏联最大的工业城市，产值占全苏工业产值的 15%，在全国经济领域占有重要地位。

为夺取莫斯科，德军制订了代号为"台风"的战役计划，企图先将莫斯科正面的苏军分为两个包围圈加以歼灭，然后顺势攻占莫斯科。希特勒狂妄叫嚣："我们下一个进攻的目标就是莫斯科！莫斯科将在冬季到来之前被毁灭，完全从地球上抹掉！"

希特勒之所以要一意孤行实施"台风"计划，最大企图是想在维亚济马—莫斯科方向和布良斯克—莫斯科方向消灭苏军，然后从南、北、西三面迂回莫斯科，在尽可能短的时间内将其占领。虽然，希特勒的"台风"行动初战告捷，但天气的变坏使德军的攻势锐减。当德军前锋装甲部队行进到莫扎伊斯克时，正逢下雨，道路变得泥泞不堪，坦克犹如陷入泥潭，根本无法前进。德军被迫全线停止前进。

德军暂时的停进，使苏军赢得了宝贵的喘息时间。苏最高统帅部紧急抽调新的预备队补充到前线。此时，苏联杰出的谍报人员佐尔格从日本送来了准确的情报：日本武装力量将全力南进，而无意对苏作战。于是，斯大林又将部署在西伯利亚的精锐部队陆续西调到了莫斯科近郊。苏军渐渐地从维亚济马和布良斯克所蒙受的惨重损失中恢复过来。

这时已经到了深冬，天气骤然变冷。莫斯科地区的天气越来越恶劣，气温降到了零下 40 摄氏度。大部分德军士兵没有御寒的衣服，被冻伤、冻死的人不计其数。可怕的严寒不仅摧残了士兵的身体，而且还使机器停转、武器失灵。此时，德军在各个方向

的进攻都被可怕的严寒和苏军顽强的抵抗阻止了。虽然莫斯科近在眼前，也已处于德军的炮火射程之内，但他们已经精疲力尽，锐气丧尽。德军官兵中间弥漫着越来越多的悲观气氛。

苏军最高统帅部下令苏军实施自开战以来的首次大规模反攻，向疲惫不堪、冻得半死的德军发起反击。苏军的反击犹如风卷残云，各路德军战线被迅速突破。气急败坏的希特勒免去了陆军总司令布劳希奇的职务，自己亲自兼任陆军总司令，但仍然不能避免失败的命运。苏军取得了苏德战争爆发以来的第一次大胜利。

至于德军兵败莫斯科城下的原因，历来存有许多争议。以军事史学家李德·哈特、富勒为代表的一些人，将德军失败的主要原因归结于严寒的天气、泥泞的道路。不可否认，严寒的天气以及泥泞的道路对德军的失败产生了一定的作用，但对德军的失败起关键作用的还是双方的主观因素。

对此，英国首相丘吉尔作了一番比较客观而公正的发言：迫使德军撤离莫斯科的不是冬季，而是苏联军队。除了苏联军民的顽强抵抗外，希特勒过高估计德军的力量而过低估计苏军的实力，以及希特勒在作战指导上的一系列失误，都是造成莫斯科会战结局的重要原因。

德军在莫斯科战役当中的失败，是德国法西斯发动第二次世界大战以来所遭到的第一次大失败，打破了希特勒"闪电战"不可战胜的神话，大大鼓舞了世界反法西斯主义的斗争。莫斯科会战后，德军的有生力量大大削弱，而且从此开始走下坡路，而苏军却得到了进一步的发展壮大。

苏军保卫莫斯科战役的胜利产生了重大的国际影响，大大鼓舞了世界各国的反法西斯人民，使反法西斯统一战线更加巩固；大大提高了苏联的国际威望，促使英美等盟国领导人进一步承认苏德战场在世界反法西斯战争中的重要地位，并且更加坚定和增强了他们援助苏联的信念；促进了被德国法西斯占领的法国、波兰、南斯拉夫等国抵抗运动的进一步发展。

战役备忘 | 血捍莫斯科
The Battle in Moscow

斯大林 | Joseph Stalin

有一个战场具有非同寻常的意义，它就是苏联首都莫斯科会战的战场。而朱可夫同志的名字，作为胜利的象征，将永不分离地同这个战场联系在一起。

朱可夫 | Georgy K.Zhukov

不是雨和雪在莫斯科附近阻止住了法西斯军队，而是受到苏联人民、首都和祖国支持的苏军的不屈不挠、坚忍不拔的精神和英雄主义打败了德军百万以上的精锐部队。

丘吉尔 | Winston Churchill

迫使德军撤离莫斯科的不是冬季，而是苏联军队。除了苏联军民的顽强抵抗外，希特勒过高估计德军的实力，以及希特勒在作战指导上的一系列失误，都是造成莫斯科会战结局的重要原因。

哈尔德 | Franz Halder

我们把俄国人估计得太低了，我们以为只有200个师，但现在我们却已经发现了360个师。

★ 战争结果

苏军经过艰苦奋战，粉碎了德军对莫斯科的进攻，向西推进 100～350 公里，在一定程度上改变了总的战略战役态势，使莫斯科获得了一定的喘息时间，但未完全实现围歼德军中央集团军群的企图。会战中，德军共损失 50 万人、1,300 辆坦克、2,500 门火炮、15,000 余辆汽车和很多其他技术装备。红军解放了 11,000 余个居民点，收复了克林、卡卢加等城市，赢得了最后的胜利。

★ 战役之最

a.德军在"二战"中首次遭到重大失败。b."二战"中规模最大的城市保卫战。c.标志着德军"闪电战"的完结。

★ 作战时间

1941 年 9 月 30 日至 1942 年 4 月 20 日。

★ 作战地点

苏联莫斯科城及其附近地域。

★ 作战国家

★ 作战将领

朱可夫 | Georgy K.Zhukov

苏联元帅，在苏联的卫国战争期间，一直是苏军最高统帅部成员，多次作为最高统帅部代表被派往前线，筹划、准备和指挥了莫斯科会战、斯大林格勒会战、库尔斯克会战和柏林战役等一系列决定性战役，是红军中最著名的统帅，被誉为第二次世界大战中最杰出的将领之一。

苏 联

苏军总兵力为 15 个集团军和 1 个集团军级集群，共 125 万人、坦克 990 辆、火炮 7,600 门、飞机 677 架。

哈尔德 | Franz Halder

德国陆军上将，1938 年 9 月起任德国陆军总参谋长，曾策划、准备和实施对波兰、法国、英国和苏联等国的作战；因对苏作战计划失败，1942 年 9 月被解职、入预备役，后于 1945 年退役；"二战"结束后，被美国俘虏，迄 1961 年一直与美国陆军军史局合作研究"二战"战史。

德 国

德军总兵力为 76 个师又 2 个旅，约 180 万人、坦克 1,700 辆、火炮 14 万余门、飞机 1,390 架。

★ 战争意义

在莫斯科会战中，德军重兵集团第一次遭到战略性失败。此前，苏军同德军作战也曾经取得过一些局部性胜利，但都不能与此相比。苏军实行了顽强防御，并能相当巧妙地发动反击，表明苏联军事领导人正日益走向成熟。德军在莫斯科战役的失败，打破了希特勒"闪电战"不可战胜的神话，极大地鼓舞了世界人民反对法西斯主义的斗争信心。莫斯科会战后，德军的有生力量被大大削弱，从此开始走向下坡路。

★图示：1941年9月～12月，苏德两军双方在莫斯科附近展开攻势示意图。

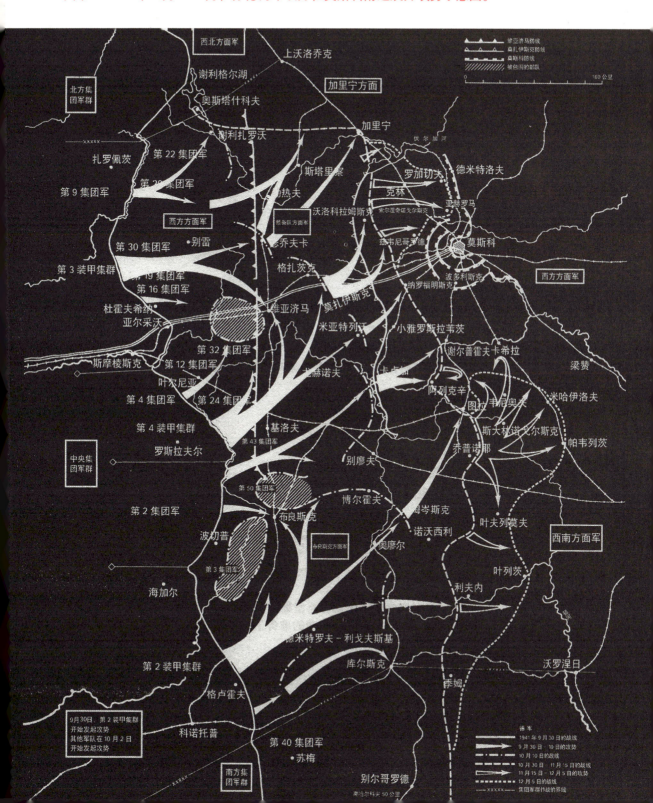

目 录 | 血捍莫斯科
The Battle in Moscow

第一章

"巴巴罗萨"计划

　　战争狂人希特勒悍然发动第二次世界大战，一路频奏"凯歌"。蓄意侵略苏联的希特勒陷入了东西两线作战的抉择困境，战争将向何处去？1940年12月18日，希特勒下达关于"巴巴罗萨"计划的第21号指令，即德国对苏战争的最终计划。希特勒采取明修栈道、暗度陈仓的伎俩，制造了世界战争史上最大的一次骗局。

No.1 "东线"还是"西线"

1940年5月10日，在俯冲轰炸机震耳欲聋的吼声中，德军利用坦克的楔形攻势，突破了法军的防线，"闪击战"再次得逞。

一个半月后，法国被吞并，荷兰、比利时和卢森堡随后遭到同样的命运。

1940年7月初的一天，柏林的天空湛蓝澄澈，丝毫闻不到战场硝烟刺鼻的味道。为迎接帝国最高元首希特勒回到首都，柏林当局宣布放假一天，所有的其他活动一律取消。全市所有的商铺、饭店也早早就关门停业了，被卷入了这场前所未有的狂潮之中。

当天中午，整个柏林市沉浸在胜利后的狂热之中，通往总理府的街道挤满了狂欢的人群。他们像喝醉了的酒徒一样，兴奋地又嚷又跳，嘴里哼唱着不成调的曲子。数百万面纳粹党的旗帜随风飘扬，玫瑰花撒满了城里的每条街道，疯狂的喧嚣声似乎要将这座城市掀翻。

下午3时，军乐队奏起了《巴登韦勒》进行曲，希特勒的专车缓缓驶进了车站。广播联播公司现场报道了希特勒胜利凯旋的实况。为表示对元首的忠心拥戴，希特勒的心腹爱将戈培尔抓住了这一难得的机会，他亲自上阵，通过广播做了极有煽动性的欢迎报道。

在一阵接一阵的颂扬声中，狂妄骄横的希特勒感觉自己达到了一生中的顶峰。透过人群欢舞的手臂，他好像看到了整个欧洲都已经被自己踩在了脚下。志得意满的希特勒觉得这一切几乎触手可及，他完全陶醉了。

此时此际，整个德国上下都在为德军攻打法国后凯旋归来而狂欢。

然而，仅仅一个法国是远远不能满足希特勒疯狂掠夺的野心的。

欣喜若狂的希特勒对着毕恭毕敬地站在自己面前的将军们高喊道："现在，北起北极圈以北，南至比利牛斯山脉，东自维斯瓦河一线，西临大西洋之滨的欧洲半壁河山及其丰富资源，已经落入我们之手。作为德国宿敌的法国已被击败，称雄一时的英国军队已被赶出欧洲大陆，我们称霸欧洲大陆的时刻已为时不远了。"

说到这里，希特勒停下来喘了口气，扫视了各位将军一眼，继续说道："现在，在欧洲有资格对德国霸主地位提出挑战的，只剩下两个大国了，一个是位于德国东面的苏联，一个是位于德国西面、英吉利海峡对面的大英帝国。要成就欧洲乃至世界霸权，还必须征服这两个国家。"

他很自信地说："由于法国迅速败降，英国一定会急于投降。关于英国投降的条件，可以放宽点。"希特勒禁不住得意地笑了起来。

希特勒认为，法国的败亡，将使英国束手就擒，只要德国伸出橄榄枝，英国人就会与德国妥协。两线作战问题将迎刃而解，苏联问题的解决也就指日可待了。

然而，希特勒这一回却失算了。

刚刚取代张伯伦担任英国首相的丘吉尔，明确指出要战斗到底，拒绝了德国和解的建议。

听到这一令人沮丧的消息，希特勒的心情显得有些低沉。海军总司令雷德尔上将向他提出了自己的建议：只要适当加强对英国的威胁和封锁，再辅之以一定的宣传，在必要时对英国的一些大城市如利物浦等实施猛烈的袭击，英国人是会清醒的。

最后，雷德尔打了一个非常形象的比喻：英国人不先尝尝鞭子的滋味是不会媾和的。

希特勒边听边点头，高度赞扬了雷德尔的分析。他像一只重新充满气的皮球一样，立刻鼓胀起来，立即指示最高统帅部加速制订攻英计划。

这一时期的希特勒坐卧不安，经常把自己关在屋子里，眼睛盯着那张大地图发呆。现在摆在他面前的难题是：先入侵英国还是攻打苏联？这是一个关系到战争全局的问题，是一个无比重大的战略抉择。

希特勒为此苦思冥想，迟迟下不了决心。他像一头困在笼子里的猛兽，总想扑出去狠狠地咬人，却不知道扑向哪个方向、咬向哪个人。对于这种艰难的状况，希特勒自己后来描绘说："面对着两个敌人，可是枪膛却只剩下一粒子弹"。

1940年7月19日，柏林克罗尔歌剧院里人头攒动，喧闹声此起彼伏，显得非常热闹。讲台上布满了纳粹党旗，党卫军则在会场附近来回巡逻。

这时，歌剧院里突然安静下来。希特勒夹着一个红色小包走了进来。所有的代表都不约而同地站起来，嘴里高呼他的名字。

希特勒疾步走上讲台。这一回，他没有像往常那样大喊大叫，而是用一种比较温和的声音说道：

◄ 在德军攻占巴黎后，希特勒在柏林举行了欢庆活动，德国媒体报道说："希特勒果然没有使我们失望，他要打破一凡尔赛条约的承诺终于实现了……"

"现在，我从英国只听到一个呼声：战争必须进行下去！但这不是人民的呼声，而是政客的声音。我不知道这些政客对于这场战争继续下去会有什么结果，是否有了一个正确的概念。他们的确宣布过，他们将继续打下去，并且说即使英国灭亡了，他们也要到加拿大继续进行战争！"

然后，希特勒对丘吉尔进行了猛烈的攻击，说他是一个政客，丝毫不关心英国人民的安全。最后，希特勒呼吁道：

"现在，我觉得在良心上有责任再一次向英国和其他国家呼吁，英国拿出理智和常识来。我认为我是有资格做这种呼吁的，因为我不是乞求恩惠的被征服者，而是以理智的名义说话的胜利者。我看不出有继续打下去的任何理由！"

演说结束后，希特勒授予12名将领陆军元帅的节杖，以此作为对他们的特殊表彰。其中，戈林得到了新创的大德意志帝国的帝国元帅军衔，并得到大战中唯一的一枚铁十字大勋章。

希特勒的演说发表不到一个小时，伦敦的英国广播公司就作出了反应，给希特勒的回答是一个字："不"。几天后，英国政府作出了正式答复，语气同样是坚定而不容置疑的。

英国的反应出乎希特勒的预料。心情郁闷的他陷入了深思。经过几天的思考，希特勒终于得出了结论，认为英国之所以不肯和德国媾和，一是希望得到美国的支援，二是希望德苏两国互相残杀，自己可以从中坐收渔翁之利。

想到这里，希特勒不由得叹了口气，"东线"与"西线"不停地在他的脑子里盘旋打转。

良久，希特勒又霍地站起身来，眼睛再一次盯着地图，仿佛下定决心似的，拿起笔在地图的东线部分重重地作了一个标记……

No.2 第21号指令

1940年7月31日，贝尔格霍夫大本营。

天气尽管非常炎热，可是会场紧张肃穆的气氛却压迫得每一个人喘不过气来。神情严肃的希特勒把德军最高将领召集到一起，对部属进行了一次长篇训话。希特勒以鼓动者特有的腔调嚷道，英国之所以不肯屈服，是因为把希望寄托在苏联和美国身上，而一旦苏联被击溃，日本在远东地区的势力就会膨胀，使得美国的手脚被束缚住，从而使英国的希望破灭。

说到这里，希特勒停顿了一下，眼睛扫视了一遍在座的各位将领，看到他们正聚精会神地倾听自己的讲话，不由得提高了嗓门，挥舞着手臂大声叫嚷道："应该把俄国消灭掉，期限——1941 年春。我们要迅速打败俄国，越快越好。只有以迅猛的突击，一举彻底摧毁整个俄国，我们的作战才有意义。"

最高元首的话，犹如一块石头投进了平静的湖面，顿时激起了巨大的反响。刚刚还非常安静的会场马上就变得热闹起来，人声鼎沸，每个人的脸上都写满了惊奇和兴奋。

陆军总参谋长弗朗茨·哈尔德站了起来，对元首的决定作了补充发言："第一个突击目标是基辅，然后进军第聂伯河。"

8 月 1 日，马克斯少将向总参谋长哈尔德呈报了对苏作战的第一份确切方案，"闪电战"思想是这一方案的基础。马克斯建议组建两个突击集团，任务是猛烈推进顿河 - 高尔基城 - 阿尔汉格尔斯克一线，尔后攻占乌拉尔。战争的重点是攻占莫斯科，因为这将导致苏联停止抵抗。计划预计击溃苏联需耗时 9 至 17 周。在此计划的基础上，德军总参谋部又进行了修订和改正。8 月底，德国对苏战争计划的基本方案已制订完毕，取名为"巴巴罗萨"计划。

"巴巴罗萨"是德语 Barbarossa 的译音，意思是"蓄有红胡子的人"，这是德国皇帝腓特烈一世的绰号。之所以将它选为对苏作战计划的名称，主要用意就是要使对苏战争带有"圣战"的色彩，进一步有效地"消灭俄罗斯的有生力量"。

从 1940 年秋天起，德军司令部指挥官开始进行司令部导演——在地图上演练即将发动的战争行动。

12 月 5 日，希特勒的大本营。

时令已经是寒冷的冬天，凛冽的北风将迎风飘扬的旗帜吹得呼啦啦直响。冒着严寒匆匆赶往大本营的德军高级将领，不由得将大衣紧了紧，低着头匆匆忙忙向会场走去。

望着再次被召集到一起开会的将领们，最高元首发表了慷慨激昂的演讲，用极具煽动性的语言说道："攻击俄国军队时，不应该把他们压缩到一起，因为那样做是危险的。我们的进攻一开始就应该把俄国军队分割得七零八落，把他们憋死在'口袋'里。"

德国将领们都被希特勒的"雄心壮志"折服了，不由得纷纷点头称是。显然，最高元首的形象在他们的心目中变得更加高大了。

1940 年 12 月 5 日，希特勒站在巨幅地图前，长时间地盯着莫斯科，陷入了沉思。这时，秘书敲门走了进来，将一份文件送到了他的案头。

希特勒走了过来，拿起文件，"巴巴罗萨"计划几个字迅速跳进了他的眼睛。希特勒坐下来，一页接一页地仔细看了起来。他边看边作修改，很快就将这份文件看完了，然后若有所思地望着窗外，思忖着下一步的作战方案中的细节。

12 月 18 日，希特勒正式签署"第 21 号指令——巴巴罗萨计划"，批准了德国对苏战

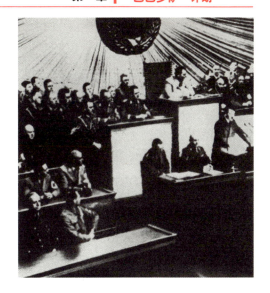

▶波兰陷落后，希特勒在柏林的大剧院宣称德国不会再有领土要求。

争的最终计划。

这份计划由三部分组成：第一部分是其总目标的概述，第二部分列出了德国在反苏战争中的盟邦，第三部分是有关在陆地、海洋和空中实施军事战役的计划。

指令一开头就指明，必须在英国战役结束之前，德国武装部队就准备好以快攻战击溃苏俄。计划规定的当前和最重要的战略目标是"在出其不意的战役中通过坦克的高速奔袭突破"，把红军主力消灭于西部边界地区。

指令还限定了时间条件，这实际上是希特勒惯用的欺骗手法。希特勒的部属当中有不少人都担心入侵苏联要带来种种风险，特别是要面临两线作战。因此，希特勒认为，像"巴巴罗萨"这种风险性很大的作战计划，必须用一个精心策划的欺骗方案伪装起来。

"巴巴罗萨"计划的理论基础是"总体战"和"闪电战"，体现了德军的主要军事学说，这两种理论被法西斯誉为德国军事艺术的最高成就。显然，希特勒也对此感到洋洋得意，在各种不同的场合都大肆吹嘘这是德国有史以来最成功的作战计划。

对于这样一份决定德国战争命运的计划，法西斯采取了最严格的保密措施。"巴巴罗萨"计划当时只复制了9份文本，其中1号、2号、3号文本分别呈报陆、海、空三军司令部，其他6份由德军统帅部存档。除了统帅部的核心成员外，其他人要想看到这份计划，真是比登天还要难。

No.3 战争史上的一大骗局

希特勒深知，要想达成对苏联"闪击战"的成功，就必须采取万无一失的欺骗手段，以迷惑对手。他在许多秘密场合反复强调：

"要尽一切可能制造假象，把他们（指苏联）的注意力引向歧途，迷惑莫斯科，让他们以为我们一直在为进攻英国做准备，等他们明白过来的时候，也正是我们的炸弹落在他们头顶上的时刻！"

"海狮"作战计划就是希特勒一个最大的欺骗手段，巧妙地利用对英作战掩护了"巴巴罗萨"方案的秘密实施。

1940年7月，希特勒下令制订一份从海上入侵英国的计划，代号为"海狮"。这份计划将在气候条件良好并在德军夺得空中优势后付诸实施，以进行一次成功的两栖作战。

但是，令希特勒失望的是，德国空军在英国并没有捞到多少便宜，对英作战并不顺利。心情烦躁的希特勒最终作出准备进攻苏联的决定。这样一来，"海狮"计划就变成了隐蔽这一进攻企图的大骗局。

在希特勒的"要尽可能给英国造成最惨重的损失"的指示下，德军采取了一系列行动，以进一步增强"海狮"计划的欺骗性。德国空军最高司令部逐步加强了1940年至1941年冬季对英国的空中轰炸。这场轰炸成为一次蓄意策划的欺骗作战。

▲ 莫洛托夫访问柏林与德国磋商。

▲德军两架"道尼尔-17"轰炸机在伦敦上空盘旋。

过了不久，德国陆军最高司令部制订了两份西线作战计划，代号分别为"鱼叉"和"鲨鱼"，目的是使英国确信，对英国的入侵已经迫在眉睫。"鱼叉"计划是一个精心策划的骗局，它要求德国驻挪威、丹麦和法国的部队着手准备对英国实施两栖作战，从而给人以德国将在1941年8月1日前后入侵英国本土的假象。"鲨鱼"计划是在英吉利海峡地区进行的重大欺骗行动，其内容与"海狮"计划相似。

在此期间，德军还计划并实施了其他重大行动，在不同程度上强化了"巴巴罗萨"方案的欺骗效果。希特勒下令采取措施继续进行对英战争，包括出兵干涉伊比利亚半岛的计划。这份代号为"费利克斯"的计划，目的在于把英军赶出西地中海地区。

德军采取的所有这些措施，旨在把人们的注意力吸引到对英战争上来，而事实上也的确转移了世人对"巴巴罗萨"方案的注意。

1940年底，莫洛托夫率领苏联代表团一行，从莫斯科坐火车启程，经过长途跋涉，最后抵达柏林。里宾特洛甫专门到车站迎接，就像是见到老朋友那样高兴地上前拥抱莫洛托夫。面对对方的过分热情，莫洛托夫则显得有几分矜持，也可能是不太适应这种氛围。

里宾特洛甫领着莫洛托夫一行登上早已准备好的汽车，一路风驰电掣，很快就到了位于帝国办公大楼圆厅旁的希特勒办公室。

看到莫洛托夫一行走进办公室，希特勒从写字台后站起身，快步走到了莫洛托夫跟前，抬手行了个举手礼。莫洛托夫不由得仔细打量起站在自己眼前的这位德国元首，只见他身穿深绿色军便服，袖子上佩带着镶有彩色花边的黑"卐"字红袖章，铁十字章在胸前一闪一闪地晃动。

希特勒与苏联代表团的每一个人握手问好之后，便请大家围着桌子坐在蒙着花布的沙发和安乐椅上。等大家坐好后，他便口若悬河地开始了自己的发言，主题是英国已经被击溃，最后投降只是时间问题，苏联对此应该有所考虑，并在最后建议苏联从巴库向南往波斯湾和印度扩张，而德国则往非洲方向扩展。

当希特勒唾沫乱飞，发表长篇大论的时候，莫洛托夫端坐在座位上不动声色，脸上看不出有什么表情，旁人很难揣测出他到底是赞同还是反对希特勒的意见。莫洛托夫不时地眨眨眼镜片后面的眼睛，有时顺着希特勒的话提出一些问题，但大部分时间则是在静静地聆听。

这就是德苏双方第一次的正式会谈，看上去倒更像是一场独角戏，而希特勒俨然是戏中充满"激情"的主角。至于莫洛托夫，应该被看成是一个既在戏中又置身戏外的特殊观众。其实，这正是莫洛托夫采取的对敌策略。

第二天，双方的会谈继续进行，真正的交锋也开始了。当希特勒把自己的想法又阐述了一遍后，莫洛托夫单刀直入，向他提出了一连串问题：

"总理先生，我觉得我们现在应该讨论一些更加具体的问题。我想请总理先生说明，德国军事代表团在罗马尼亚干什么？为什么不同苏联政府协商就把他们派到那里去？按照苏德互不侵犯条约规定，凡涉及任何一方利益的问题都要进行协商的。同时，苏联政府也关心德国军队为什么出现在芬兰？为什么在采取这样一个重大步骤之前也没有同莫斯科协商？"

莫洛托夫的问题击中了希特勒的"要害"，而且直截了当。毫无准备的希特勒就像从头到脚突然被泼了一盆冷水，完全怔住了，坐在椅子上半天说不出一句话来。

坐在旁边的里宾特洛甫惊恐地看了希特勒一眼，看到他的小胡子在微微颤动，显然他的内心就像翻滚的沸水一样不平静。里宾特洛甫仿佛看到希特勒暴跳如雷的样子。有趣的是，正当里宾特洛甫在观察希特勒的时候，坐在他身边的翻译施密特也正在观察里宾特洛甫，这位平时傲气十足的德国外长下意识地搓着双手，看样子，他的心里也显得非常紧张。

一贯骄横狂妄的希特勒，从来听到的都是顺从自己的声音，还没有听到过像莫洛托夫这样强硬的语调。他不由得怒火中烧，恨不得把莫洛托夫撕成两半。不过，经过短暂地思考后，希特勒竭力平息了心中的怒气，脸上换上了一抹笑容，说道：

"这是小事一桩！您大可不必往心里去，还是让我们把注意力集中到更大的问题上去吧！就拿英国来说，就那么几个岛，凭什么要控制半个世界？它还想夺取全世界，这不公平，不是正常现象！"

狡猾的希特勒知道自己无法正面回答莫洛托夫的提问，更不能暴露"巴巴罗萨"的企图，所以只好暂时咽下这口恶气，把话题扯到对方感兴趣的内容上来。双方又就其他一些问题交换了看法，后来又谈到了诸如葡萄酒、赛马等轻松的话题。

希特勒笑容可掬，温文尔雅，极力想给莫洛托夫留下和善的印象。会谈结束后，他还彬彬有礼地与莫洛托夫道别，在最后合影时还用胳膊搂着这位苏联外交人民委员，以示亲密。

希特勒的外交获得了空前的成功，更迷惑了世人的目光。

随着时间的推移，德军的战争准备进入了倒计时，德军地面部队开始东调。如此大规模的陆军部队调到接近苏联边界的地方，自然很难瞒过法国、波兰等国家，更瞒不过德军士兵。为此，在希特勒的授意下，德军统帅部开始制造混淆视听的舆论，为部队频繁调动编造一些"合乎情理"的理由，比如保卫边境、抵御英国入侵等。

德军最高统帅部的宣传处与外国谍报组共同负责计划并指导对德国公众的欺骗，由此间接地实现对苏联政府的欺骗。宣传处的任务是引导德国公众舆论，使他们相信德军最高统帅部打算入侵英国。

▶希特勒的忠实党徒戈培尔，正在发表欺骗性演讲。

统帅部宣传处用于欺骗所使用的媒介主要有：无线电广播、谣言、给部队的命令、国事接待的准备、新闻发布。

在对公众的无线电广播中，德国人表现出欺骗方面的狡诈和丰富的想象力。在高度紧张的战事训练结束后的间隙中，德国士兵非常喜欢收听电台的音乐节目。在平常"听众点播"的音乐节目中，往往有众多的德国部队的士兵点播他们所喜欢的流行歌曲。

针对这一情况，宣传处巧妙地利用了电台的点播节目，对广大听众实施了隐蔽的欺骗。他们将事先录制好的对话塞进节目中。

"近卫军官兵寄给他们受伤的连长三瓶'亨尼西'酒，祝他早日康复！"

众所周知，近卫军是党卫军的精锐部队，而"亨尼西"是法国名牌白兰地。收听到这段广播的德国民众和外国军事情报机构都不难推断出，希特勒的精锐部队近卫军正在西线，极有可能就在法国。

宣传处采取诸如此类的方法，达到误导、欺骗听众的目的，让他们以为德军精锐部队仍在西线，而东线则是素质较差的防御部队。

与此同时，宣传处巧妙地在德国民众、军人以及居住在德国的外国人中间，利用苏德互不侵犯条约和对英作战大肆散布谣言，欺骗公众。

在柏林和德国其他大城市里，无中生有的谣言往往与确切的新闻消息掺合在一起，通过报刊等媒体传向四面八方，比如"斯大林要访问德国"、"斯大林正同意把乌克兰租借给德国 99 年"、"下星期没有向西开的民用过站列车"，等等。

德国统帅部宣传处通过各种办法，极力制造苏德关系正在友好顺利地向前发展，进攻英国已经迫在眉睫的假象。

在进攻苏联前不久，宣传处进行了一次也许是最富于想像力的欺骗。他们大张旗鼓地准备迎接苏联政府贵宾，下令在柏林的德国政府宾馆摆满鲜花，挂起红旗，同时还下令在晚间秘密装饰柏林火车站，以迎接苏联贵宾。这些准备工作故意以秘密方式进行，表面上不大肆张扬。但是，从事这些工作的宾馆服务人员和铁路员工却成了"不明底细"的义务宣传员，很快地就将这些所谓的"内幕"传了出去，从而成为妇孺皆知的公开新闻。

在进攻苏联的前夕，德国宣传部门也把整个欺骗活动推向了高潮。

1941 年 6 月中旬，德国政府宣传部长戈培尔亲自出马，组织这场战前的欺骗宣传战。他亲自为国社党的党报《人民观察家报》撰写了一篇题为《克里特岛就是榜样》的文章，并装作在无意中流露出两个月内英国将遭到入侵，而丘吉尔将转喜为忧，好像入侵英国已经指日可待。

为了加强欺骗效果，在希特勒 6 月 13 日从国外回到柏林的当天，德国统帅部下令在大街小巷没收这份报纸。警察局搜查了柏林市内的所有报纸销售处，没收了所有的报纸。其实，许多普通订户早就从邮递员那里收到了报纸。不过，德国政府的这一招，反倒引起了外国情报机构的注意。他们想方设法，花费了很大气力去把这张报纸弄到手，哪知道却正上了德国人的当。

戈培尔策划的这一事件，进行得很成功，增强了欺骗的可信性，掩饰了入侵苏联的真实意图。当他向希特勒汇报时，希特勒不由得开怀大笑，对面前这位精明的宣传部长直竖大拇指。

第二章

德国不宣而战

　　苏军作战计划出现了一个战略性的错误，即主要防御方向的选择出现了失误，认为最危险的战略方向是乌克兰而不是白俄罗斯。斯大林对此负有不可推卸的责任。6 月 22 日凌晨，德国法西斯不宣而战，对苏军实施毁灭性的突击。苏军遭受了有史以来最大的袭击，蒙受了最惨重的损失。

No.1 斯大林的重大失误

1940 年 11 月，莫斯科克里姆林宫。

斯大林站在办公桌前，默默地凝视着窗外阴沉的天空。他不时把手中的烟斗慢慢地送到又浓又密、梳理得整整齐齐的胡须下面，轻轻地碰一碰厚厚的嘴唇，又慢慢地拿下来。

此时此刻，斯大林正在办公室等待从德国访问回来的莫洛托夫一行，听取他的谈判汇报。

铁木辛哥、朱可夫等人也在场。在他们看来，今天的斯大林显得格外冷峻与威严。他中等身材，腰杆笔直，上着一件深灰色的翻领上衣，从上到下的扣子一个不落系得紧紧的，下穿一条黑色的马裤，脚上则穿着一双擦得锃亮的马靴。

这个时候，莫洛托夫正在匆匆赶往克里姆林宫的路上。

自从与希特勒、里宾特洛甫分手之后，莫洛托夫的脑子就一刻也没有停止运转，总是在问自己："斯大林交给我的任务完成了吗？"他的眼前又浮现出临走前与斯大林见面的情景。

"去柏林准备得怎么样？"斯大林一见到莫洛托夫，就直截了当地问。

"基本准备就绪，过了十月革命节就动身。"莫洛托夫挺直了腰杆答道。

斯大林把装满烟丝，准备点火的烟斗从嘴里抽出来，一边踱着步子，一边郑重地说道：

"你去见希特勒，设法澄清两件事。第一，我们是严格遵守苏德互不侵犯条约的，不会对德国在西欧的军事行动形成任何威胁。第二，我们遵守条约，也希望德国遵守。问清楚为什么最近在芬兰和罗马尼亚都有德军的军事顾问在活动，德国此举究竟是什么用意，让他们立即撤回去。"

停顿了一会儿，斯大林像在自言自语，又像是对莫洛托夫说话：

"希特勒究竟会什么时候扑来？他还能给我们留下多长时间呢？目前，英国还在抵抗，可这种抵抗又能够维持多久？他们会不会达成秘密协议？不能说没有这种可能……如果真是那样，那我们最多还有一年的时间。如果英国不屈服，希特勒敢不敢两线作战？看来不太可能，那样的话，我们也许还有两年甚至更多一点的时间。时间太少了，而要干的事情又太多了……"

莫洛托夫深知自己的柏林之行绝不会是轻松和愉快的，他也深知希特勒这个人狡猾阴险，诡计多端，是个特别不好对付的人物。希特勒尤其善于在别人面前表演，说谎对他来说是常有的事情。就是他的许多部下，也把他看成一个演员，因为他的举手投足、音容笑貌都是经过精心设计的，甚至他的某些动作都是刻意在镜子前经过长时间练习的。

当然，熟悉了希特勒的这些特点，就自然应该对他保持足够的警惕。可是，莫洛托夫却不仅无法回避，反而要主动上前搭讪与应酬，因为他此行肩负着斯大林的重任。

　　想到这里，莫洛托夫不由得集中精力思索起来：希特勒极有可能进攻苏联的时间，一是攻下英国之后，二是攻下英国之前。如果是第一种选择，他将会给苏联留得一点时间。会不会是第二种选择呢？莫洛托夫想这不大可能，他为自己找出了这样两条理由：第一，这就意味着德国将在两条战线上作战。尽管德国现已占领了大半个欧洲，实力迅速增强，但进行两线作战，这是兵家之忌。希特勒再狂妄，这一点他也应该清楚。何况，德国在第一次世界大战中输就输在两线作战上。第二，英国空军对德国，特别是对柏林不停地轰炸。对希特勒来说，这应该是件令他担惊受怕的麻烦事……

　　想到这儿，莫洛托夫眼前似乎又浮现出这次柏林之行自己两次遭空袭的情景。

　　第一次是刚到柏林的当晚，他正在参加驻德大使馆举行的宴会，德国的头面人物纷纷应邀出席。其中有空军元帅戈林，外长里宾特洛甫和纳粹宣传部长戈培尔。在灯火通明的宴会大厅，大家按照宾主的礼节纷纷落座。之后，莫洛托夫走上台，向在座的各位致词。

▲斯大林与莫洛托夫（前左）、伏罗希洛夫（前右）等人在一起。

正当莫洛托夫开始讲话时，外面突然响起了刺耳的防空警报声。那些刚才还温文尔雅、彬彬有礼的先生、小姐、太太们猛然听到这警报声，顿时吓得大惊失色，顾不上尊卑贵贱，乱哄哄地要往防空洞里钻，然而大使馆大楼内偏偏没有这样的防空设置。

于是，先生、小姐、太太们蜂拥到宴会厅出口。由于出口小而人又多，每个人都想先出去，结果都挤在一起，乱成一团。男人的呼喊声，女人的尖叫声，碰撞桌椅声，酒杯打落在水磨石地板上的破碎声，混在一起，那种狼狈样，着实令人可笑可悲。

最有意思的还是肥胖的戈林，今天特意穿着他自己设计的那身元帅服，银呢制的上装，从左肩到右胸，挂满了一大串各式各样的勋章和奖章。这位空军元帅，刚才还向莫洛托夫夸口说德国空军已经把英国空军摧垮，可现在却一边心神不定地向主人道别，一边焦急地用眼睛瞄着出口，瞅准机会便匆匆夺门而去。

第二次是在里宾特洛甫的办公室里。他和里宾特洛甫正在进行谈判，突然听到警报声响起。一开始，里宾特洛甫显得比戈林稳重，坐着没动，还侧着耳朵听外面的动静。一会儿，听到炸弹的爆炸声由远而近，当一颗炸弹落在附近，震得玻璃嗡嗡直响时，里宾特洛甫终于坐不住了，跳起来对莫洛托夫说："莫洛托夫先生，为了安全起见，咱们还是到我的地下室去吧，在那里可以继续进行谈判。"说着，带着莫洛托夫几个人，顺着旋转楼梯飞速地跑下去。从那熟练的动作看得出，这段楼梯对这位外长来说并不陌生……

想着想着，莫洛托夫不禁一笑，他顺着这个思路往下继续分析……在如此人心惶惶、提心吊胆之际，怎么能开辟另一条战线呢？眼前有两个对手，可希特勒枪膛里只剩下一颗子弹，他是不敢这样做的。还有第三，希特勒要进攻我们，必须从西线调兵，这势必减轻西线对英国的压力，他就不怕英国趁机捣乱，给他制造麻烦吗？如果在两军对峙的情况下与英国媾和，他愿意屈从英国的要挟，吐出已咬在嘴中的肉吗？以希特勒的贪婪本性，这是令他难以接受的。

莫洛托夫想了一路，等到了莫斯科走下列车的时候，他已经完全说服了自己。同时，他也准备好用这些理由去向斯大林报告：德国人至少在明年冬季之前不会两线作战，也就是说，不会在攻占英国之前，发动对苏战争。

在听完莫洛托夫柏林之行的汇报之后，斯大林沉默了一会，然后缓缓地说道：

"德国人会来进攻我们，这一点我们早就料到了。但是，我们现在还没有做好充分准备，要干的事太多了……莫洛托夫同志，如果像你说的，希特勒不会在结束对英作战之前进攻我们，这就给我们多少留下了进行准备的时间。这个时间能有多长？一年还是几个月？这还不能确定，但有一点是肯定的，即我们应该想方设法延长它。我们不应该去刺激希特

▲铁木辛哥元帅和军事委员赫鲁晓夫（右）
在司令部指挥作战。

▲时任苏军总参谋长的沙波什尼科夫
和斯大林在一起。

勒，不能授人以柄，说我们在破坏同他们的协定，否则当希特勒感到我们已经准备同他开战，那他就会不顾一切地缩短给我们的准备时间的。很可能会逼他铤而走险，不等收拾了英国就扑向我们，这是对我们不利的。因此，要竭力避免。"

斯大林显然同意了莫洛托夫的分析。今天到会一起听汇报的还有铁木辛哥、朱可夫等人。斯大林在说完上述那一段话后，对着铁木辛哥和朱可夫说："自今日起，边境地区的部队调动和向边境地区的部队调动，都要经我的批准。"

从斯大林那里出来，朱可夫和铁木辛哥坐进了一辆汽车。待汽车驶出克里姆林宫，朱可夫目视前方，缓慢地说道："他现在把赌注押在了德国不会两线作战，和'我不犯人，人必不犯我'上了。他心里只有一个念头：避免战争。"

铁木辛哥同样注视着窗外，有一会儿没做声。等到快下车分手时，他突然对朱可夫说："还是相信他的判断吧……"

斯大林及苏联最高领导层尽管不知道希特勒确切的作战意图，但他们已清醒地认识到战争愈来愈迫近，同强大的德国作战是不可避免的。

据苏军情报部门统计，从 1939 年 10 月到 1941 年 6 月，德国侦察机飞越乌克兰和白俄罗斯边境达 500 余次。苏军统帅部十分清楚敌机的意图，但为了避免同德国发生正面冲突，还是命令边防部队禁止向入侵飞机射击。

与此同时，苏军也在紧张地制订、修改作战计划和动员计划，一直到大战爆发，这项工作一直没有间断。计划修订以后立即上报斯大林，批准以后马上下达各军区。计划的具体制定由总参谋部组织实施，在朱可夫任总参谋长之前，主要是由沙波什尼科夫、麦列茨科夫和瓦杜丁负责。

但是，苏军作战计划出现了一个战略性的错误，即主要防御方向的选择出现了失误，当时认为最危险的战略方向是西南方向的乌克兰，而不是西部方向的白俄罗斯。但是大战爆发后，德军统帅部不是在乌克兰，而是在白俄罗斯方向集中使用了最强大的陆军和空军集团。1941年春天，苏军统帅部对作战计划进行了修订，遗憾的是，并没有完全纠正原计划中的错误。

斯大林分析认为，希特勒在对苏战争中首先是力图占领乌克兰和顿河流域，以夺取苏联最重要的经济地区，掠夺乌克兰的粮食、顿巴斯的煤、高加索的石油。他指着作战计划强调说：

"没有这些最重要的资源，德国法西斯就不可能进行长期的大规模的战争。希特勒已在巴尔干站稳了脚跟，看来他将准备对西南方面实施主要突击。"

尽管朱可夫及一批杰出的苏军将领都在场，但都未能纠正斯大林的错误。因为当时斯大林在苏联全党、全军、全国人民中享有崇高的威望，任何人都没有想到去怀疑斯大林的意见和他对形势的分析，以致出现战略错误，在战争初期产生了极为不利的影响。

斯大林是一位卓越的战略家，之所以出现判断上的错误，是因为没有想到德军计划发动的是闪电战。闪电战的特点是快，战争能在很短时间内全面结束，因此，德军选择主要突破方向，根本不考虑哪里有石油及其他资源，而主要考虑哪里兵力薄弱。

铁木辛哥和朱可夫也未能充分考虑到战争初期的这种新的作战方法，而是认为，像德国和苏联这样的大国之间的战争，可能还像以前那样，开始先在边境交战几天，之后双方主力才进行交战。铁木辛哥和朱可夫认为德军在集中和展开的时间方面将和苏军一样，而对德国的"闪电突击"及其雄厚的财力、物力储备估计不足。实际上，苏德双方在兵力及其他方面都相差悬殊，德国此时已具备发动"闪电战"的能力。

从军事基础上看，德国具有强大的军事经济潜力。为了保证实现侵略计划，希特勒要求全部经济政策从属于战争的利益，下令德国工业全部转入战时经济的轨道，其他一切都退居次要地位。因此，德国得以在较短时间内建成300个以上的大型军事工厂，军事生产在1940年比1939年增加2/3，比1933年增加21倍。1941年德国生产了约11,000架飞机，约5,200辆坦克和装甲车，30,000门各种口径的火炮，约170万枝骑枪、步枪和自动枪，而苏联生产这么多武器则至少需要3年时间。

从兵力上看，截至1941年6月，德国军队比1940年增加355万人，总数达850万人，即208个师。而苏联连同征召的补充兵员在内，共有约500万人。希特勒认为，发动"闪电战"的物质基础已经具备，进攻苏联的有利时机来到了，最终下令实施"巴巴罗萨"计划。

▲铁木辛哥元帅（左一）和总参谋长朱可夫将军（左二）在查看新式武器。

为了麻痹苏联领导人的神经，达成战争的突然性，德国在紧张准备对苏战争的同时，大肆玩弄外交手腕、军事手腕，力求使苏联相信德国的战争机器并不针对东方、反对苏联，而是针对西方、反对英国。

实际上，在不列颠大空战失利之后，登陆英伦的"海狮"计划已被下令无限期搁置。德国纳粹宣传部门开动全部机器，对英国大加挞伐，停止了往常对苏联的攻击。

1940年11月12日，苏联外长莫洛托夫应邀访德，在柏林车站受到德国外长里宾特洛甫的热情接待，甚至在他们到达时奏起了《国际歌》。

但就在当天，希特勒下达绝密指示："不管这些会谈会有什么结果，以前口头下达的关于一切准备都为了对付东方的指示、指令应当继续执行。"

西方与苏联之间的矛盾和犯忌，也给双方的合作带来了反作用。如果苏联对德作战，最大的获利者将是英国。因此，来自英国的情报越是强调德国对东线的进攻准备，就越令斯大林等苏联领导人心存疑虑。斯大林曾说，英国在用德国吓唬苏联，又反过来利用苏联吓唬德国，以唆使双方敌对乃至陷入战事。

幸运的是，罗马尼亚、南斯拉夫部分军民的反德努力，还有英国在希腊克里特岛的行动，迫使希特勒调集重兵发动侵略，重新扶植亲德政权上台。1941年6月，德军在克里特岛的空降行动圆满成功，控制了地中海上的重要航线，并挽救了软弱的意大利法西斯入侵希腊的败军。但原定不迟于5月15日发动的对苏侵略，却不得不推迟了几个星期。后来，古德里安等纳粹将领估计，德军对莫斯科的进攻所缺的，正是这入冬前的6到8个星期时间。

与此同时，苏军也一直在积极备战，紧张而有条不紊地进行战备工作。1940年12月

▲斯大林在一次集会上向群众挥手致意。

到 1941 年 1 月初，苏联最高指挥部在莫斯科举行了一次重要会议，接着进行了图上军事演习。这次会议得到了斯大林和整个国防机构的关心，对于提高红军高级指挥人员在战术、战役学、战略、各兵种的进攻战和防御战方面的训练水平起到了极其重要的作用。

1941 年 1 月 11 日，会议正式结束。之后，在国防人民委员铁木辛哥领导下，又进行了一次战略性的对抗军事演习。朱可夫应邀参加了这次演习。演习的基本目的是要帮助参加者掌握战略性作战行动的原则；确定可能发生军事行动的战场；指导高级指挥人员在复杂的条件下，对各种情况进行估量并作出决定；就大规模使用炮兵部队、坦克大部队和空中力量的现代进攻战役如何实施，统一人们的认识。

演习前，斯大林简单询问了演习的指挥员人选。这次会见，无疑使大家心理上感到了压力。

这次演习分成红方与蓝方，红方（东方）由西部特别军区司令员帕夫洛夫和克利莫夫斯基指挥，蓝方（西方）由朱可夫和波罗的海特别军区司令员库兹涅佐夫上将指挥。双方都煞费苦心，企图用突击部队实施深远突破，以便击败敌方重兵集团。演习过程暴露了一些问题，其中包括双方都未能为自己的第二梯队和预备队提供足够的兵力。

演习结束后，演习结果不是由国防人民委员铁木辛哥或者总参谋部来讲评，而是由参加者本人，即朱可夫和帕夫洛夫来讲评。讲评结束，军区司令员们准备立即离开莫斯科，返回各自的部队。

正在这时，他们突然接到斯大林的紧急命令，立即赶到克里姆林宫，在那里进行第二次讲评。

显然，第二次讲评的规格远远高于第一次，因为中央委员会政治局委员和苏联政府委员都出席了。其中，军方的代表包括国防人民委员、总参谋长、副国防人民委员、各军种司令员和一些军区的司令员。

开会地点选在克里姆林宫，也足以表明这次会议特别受重视，而且所有与会者对这次军事演习后将采取的防御措施也极为关心。

会议开始后，首先由麦列茨科夫做报告。由于这次会议是由斯大林临时召集的，因此各种材料未能完全准备妥当，麦列茨科夫在会议上只得凭记忆来做报告。他的报告给人的总体感觉是缺乏条理，前后不连贯。

与会代表对这一报告并不太认同，而斯大林的反应尤其强烈，对麦列茨科夫的报告表示非常不满。

当麦列茨科夫说到拥有 60 到 65 个师的东方（红方）成功地突破了西方（蓝方）及其 55 个师的防御时，在座的人都不安起来。

斯大林问了一个显而易见的问题："兵力优势这么小，怎么会出现这样的结果呢？"

麦列茨科夫的回答很勉强：东方部队从战线上战事较少的地段抽调部队，使它获得了局部兵力优势。

斯大林立即反驳道："在我们这个使用机械化和摩托化部队的时代，'局部'兵力优势不能保证进攻一方获胜；实施防御的敌军，拥有同样的机动手段可供使用，能够在短时间内变更部署，加强遭到威胁的地段的兵力，这样也就抵消了进攻者建立的'局部'优势。"

显然，麦列茨科夫未能做出一个令人满意的回答。

这时候，朱可夫站起身来，适时地转移了话题，并借机发表自己思忖已久的重要观点。

朱可夫首先肯定这次演习对提高高级指挥人员水平的价值，并建议应尽可能多地进行这类演习，随后转入了真正想要讲的问题——白俄罗斯筑垒地域的构筑问题。他进一步指出，现有的筑垒地域离边界太近，而且布局不合理，敌人的炮火可以覆盖整个纵深，因此必须重新加以布置。不出所料，这一见解招来了强烈的回应，很大原因在于白俄罗斯恰恰是西部特别军区的防地。

帕夫洛夫立即反问说："在乌克兰构筑地域的位置是否合适呢？"

双方展开了争执，最后朱可夫只好终止了发言。

筑垒地域的工作是由副国防人民委员沙波什尼科夫元帅具体领导的，依据是总军事委员会批准的计划。因此这个问题牵扯十分广泛，连伏罗希洛夫也很不高兴。像刚才一样，有人站起来岔开了话题，才避免了一场激烈的争吵。

会议继续进行，轮到负责武器装备的副国防人民委员库利克元帅说话了，但其主张显得非常不合时宜。库利克建议，把步兵师的编制扩大到 1.6 万～1.8 万人；火炮用马拖运；坦克部队以连、营为单位支援步兵，并强调说："组建坦克和机械化军，目前还不宜开始。"

当时已经是 1941 年 1 月。早在 7 个月前，德国机械化部队横扫欧洲大地，号称世界第一陆军强国的法国仅抵抗了一个月就宣告投降，英国远征军丢弃全部重装备在敦刻尔克死里逃生，英伦三岛正在戈林的空军打击下苦苦挣扎。有人想到了1939年世界大战爆发时被德、苏两家瓜分的波兰，他们的军队用骑兵冲击德国坦克，倒是与库利克元帅以上说的理想军队相差不远！

铁木辛哥听到这里，毫不客气地批评道："部队的领导干部都懂得部队尽快机械化的必要性，而只有库利克对这些问题还弄不清楚。"

最后，斯大林做了总结性发言：

"现代战争是一场摩托化战争——在陆地、在空中、在水上和水下都是如此……战争的胜利将属于握有更多的坦克和部队摩托化程度较高的一方。"

斯大林的这一结论当然是正确的。无论如何，这一争论的结果使朱可夫等人非常满意。

至此，充满争执的会议宣告结束。

1941年2月1日，朱可夫正式接替麦列茨科夫大将，担任了苏联武装部队总参谋长，随后又当选为苏共中央候补委员。另外，丘列涅夫、基尔波诺斯（继朱可夫担任基辅特别军区司令员）、特里布茨、奥克加布里斯基等许多军人当选为候补中央委员和中央监察委员会委员。

显而易见，这一切都表明军事工作在国家生活中占有越来越重要的位置。不久，斯大

▼进入苏联境内的德军在研究进攻线路。

林就任人民委员会主席职务，这是第一次由同一个人担任党和国家的最高领导人。

所有这些都可以被看作国际形势复杂化和急剧恶化的征兆。

战争的威胁正在一步一步地向苏联逼近！

No.2 战争一触即发

各种迹象越来越显著地表明，德国即将对苏联采取敌对行动。

但是，这时的苏联防御还是很不充分的，直到1941年夏，在新的边界沿线修建筑垒地域和野战阵地的工程还没有竣工。而在前沿，本应修建更多的机场、建立更多的通信枢纽。有些地段在很晚的时候才开始修建钢筋混凝土碉堡。自从边界有了调整以来，宽轨铁路虽已延长到新边界，但运输能力仍然很低。

1941年4月底，苏联已经意识到德军开始在俄国边界集结军队。朱可夫向苏军各部门和各集团军发出警告："整个3月和4月，德军统帅部一直紧张地把部队从西线和德国中部地区调到邻接苏联边界的地区。"

朱可夫的这番话的含义是很明显的。苏军指挥部着手重新组织西部边境的防御——这个边境是从巴伦支海到黑海，共有5个军区，即列宁格勒军区、波罗的海特别军区、西部特别军区、基辅特别军区和敖德萨军区。3个特别军区的司令部所在地分别是里加、明斯克和基辅。

就任总参谋长以后，朱可夫直接领导苏军在1941年春、夏完成了一些具有决定意义的战争准备工作。

在有限的时间里，朱可夫率领总参谋部制订了保卫苏联西部边境的详细计划。计划规定了每个集团军负责的地段和第一梯队每个师负责的防线。除去芬兰边境一段，沿边界都组织了统一的防御体系。具体设置是，每个集团军的步兵师都在靠近边界的地方展开一条线，其任务是打退敌人的进攻。每个集团军的第二梯队包括一个机械化军，其任务是消灭一切突破了边境阵地的敌人。

在制订计划时，朱可夫根据计算发现，波罗的海沿岸军区、西部军区、基辅军区和敖德萨军区的现有部队，不足以抵抗德军的突击。他感到压力很大，马上向斯大林报告，要求立即从内地军区紧急动员若干个集团军，并且无论如何应于5月初到达波罗的海沿岸、白俄罗斯和乌克兰地区。斯大林十分谨慎，担心此行动会给希特勒以发动战争的借口。

经过反复考虑，斯大林批准用野营集训的名义，向乌克兰和白俄罗斯各增调两个集团军，

▲朱可夫（右）陪同铁木辛哥元帅指导军事演习。

同时再三叮嘱朱可夫，要求他谨慎行事，并采取战役伪装措施。截至5月底，从内地军区调往西部边境的军队共计有28个步兵师和4个集团军指挥机关，但每师只编有8,000人至9,000人，且没有完全配备编制规定的技术兵器。5月底，朱可夫指示各边境军区司令员立即着手准备指挥所，而后又于6月中旬下令各方面军指挥机关进入指挥所，要求他们在6月21日至22日到位。

5月中旬，朱可夫领导总参谋部制订了一个补充作战计划，这是一个十分重要的计划。计划规定，边境地区的部分部队将沿着边防线担任掩护任务。这些部队应顽强抵抗，掩护全国主力的动员和战略集中。主力将沿着离边界若干距离的战线展开，防御纵深约100～150公里。如敌人突破防御阵地，防御部队应由阵地防御转入机动防御，使敌人尽量长久地阻滞在各条战线上。在两道防线之间，可以用设置障碍，炸毁桥梁，以小股部队进行伏击等方式减缓敌人前进的速度。按照这个计划，由帕兰加伸展到多瑙河口的1,985公里的边防线将由9个掩护集团军防守，由40个步兵师和2个骑兵师构成第一道防线。

总参谋部执行着繁重的作战、组织和动员的任务，即使在朱可夫和其十分有才干的助手的领导下在运转过程中也不可能堵上所有的纰漏。战前的最后一个春天，他们才发现还没有为国防人民委员、各军兵种司令员，乃至总参谋部本身构筑战时指挥所。当战争爆发时，统帅部、总参谋部、各军兵种司令部和各个总部，都不得不在平时的办公室里承担战时繁重而又危险的工作。更紧张混乱的情况是，有关统帅部大本营的机构问题，如位置、人员、组织结构、保障机关和物质技术器材等，都没能在战前提出预案。

无可讳言，即使像朱可夫这样对德军有着较深了解、对现代战争理论做了详细研究的总参谋长，也犯下了一些较严重的错误。这主要表现在总参谋部修订作战计划时，错误地估计了战争初期的形势，认为像德国和苏联这样的大国，还会在边境交战数日之后才进入主力之间的对抗，以为德军的集中和展开时间与苏军相似。战前的苏联，存在着低估德军战斗力的问题。

朱可夫本人和伏罗希洛夫及总参谋部一致认为，应当把物质技术器材更加靠近前沿部队加以储备，但是后来的结局是，德军迅速突破苏军防线，夺取了军区物资储备区，给军队供应和预备役部队的组建造成极大困难。也是出于上述那种估计，总参谋部要求乌克兰和白俄罗斯筑垒地域发射点的武器在开战 10 天内做好准备，可是早在这个期限之前，大部分这种筑垒地域就被德军占领了。

可贵的是，朱可夫在晚年写回忆录时承认了自己的失误，而没有像一些人那样，将一切都推到当时已经去世的斯大林身上。

该计划要求在发布动员令后几天之内迅速增援边境各军区，因为原先的设想是，在开始动员到战争爆发之前将会有一段时间。朱可夫命令一部分红军集中到比较靠近边境的地区，但是由于运输工具不足，部队调动缓慢，直接影响到战备工作。

6 月中旬，即在战争爆发前夕，库兹涅佐夫在斯大林的办公室向最高领袖报告说，在俄国各港口的德国商船数目正在迅速减少，这是德国准备进攻苏联的进一步证据。

为此，斯大林也做了一些必要的战前准备工作：将军队同时集中在西面和东面，并在东西两面的边界都构筑了工事。1940 年底和 1941 年初，高级指挥官的调动也表明苏联已经着手在进行战争准备。可是令人遗憾的是，直到战争爆发前夕，苏联最高当局仍然没有下达明确的战争指示。

应该指出的是，斯大林尽管知道苏德战争是不可避免的，但却一直在想方设法、竭力推迟这场战争。在此之前，因为担心给希特勒提供进犯苏联的借口，斯大林尽最大努力避免与德国发生任何武装冲突。斯大林有自己的考虑，即为即将到来的战争进行更充分的准备。

1941 年 6 月 14 日，德国柏林的帝国大厦。

德国法西斯最高统帅部正在秘密讨论对苏联的作战方案。

"元首将带领德国走向胜利，就像在西方已经取得的胜利一样！"德国空军司令戈林挥舞着拳头狂叫着。

希特勒打断了戈林的话，纠正道："不，这将是一场最艰苦的斗争，首先是因为我们面临的是一场反对思想上的敌人的大搏斗，敌人在思想上是非常狂热的。"

看来，希特勒对于进攻苏联可能遇到的困难还是预先做了思想准备的。

同日，苏联莫斯科克里姆林宫。

苏联最高领导层也在召集会议，讨论如何应对越来越严峻的局势。

　　斯大林注视着面前的铁木辛哥和朱可夫，语气严厉地说道："你们要进行全国动员，立即把部队调往西部边境吗？这就是战争！你们懂不懂？"

　　早在开会之前，铁木辛哥和朱可夫就达成了默契，即这次会议的最重要的目的，就是要立即让苏联部队进入一级战备状态。

　　朱可夫心急如焚，向斯大林报告了西部边境4个军区的现有兵力数字，结果适得其反。

　　"你看，这还少吗？根据我们的情报，德国人还没有这么多的部队。"斯大林说。

　　朱可夫连忙解释，德国师是齐装满员的，每师有1.4万～1.6万人，而苏军的简编师则只有8,000人，因此总兵力要少一半。

　　斯大林对此的回答是："不能完全相信侦察……"

　　没有斯大林的亲自批准，军队是绝不能向前线作任何移动的。国防人民委员铁木辛哥聪明地"建议"各军区司令员：向边境方向举行兵团战术"演习"，使部队向掩护计划规定的展开地域靠近，而不是进入。各个军区都实行了这个"建议"，但大部分炮兵被调去做射击训练，没有参加这一行动。

总参谋部于 1941 年拟制的作战计划规定：一旦遭到军事威胁，必须使全部武装力量进入高度战备状态，立即在全国进行军队动员，根据战时编制扩编军队，根据边境军区和统帅部计划，将完成动员的军队集中和展开在西部边境地区。这一计划只有在政府下达一个"特别决定"之后，才能付诸实施。直到 1941 年 6 月 21 日夜间，即在德军全线入侵前几个小时，苏联政府才匆匆做出这个决定。

在这一点上，斯大林负有不可推卸的责任！

对于即将发生的战争应该怎样打，斯大林没有把自己的想法告诉给那些将要参加作战的人。更重要的是，斯大林把可能发生冲突的日期估计错了，总以为战争将在晚些时候爆发。所以当事态急转直下的时候，已经来不及把自己的主张变成明确的战略计划和具体行动计划了。

斯大林在军事事务方面拥有绝对的权威，但这种权威却有着双重的影响：一方面，人人都坚信斯大林最明了情况，在需要的时候会做出必要的决定。另一方面，这种状况又妨碍了斯大林周围的人独立地去思索，坦率而果断地发表自己的意见。部队中的官兵普遍都有这么一种想法：既然上级没有下达指示，那就说明眼下战争不太可能爆发。

精力充沛、性格倔强的朱可夫担任总参谋长以后，在一段时期内并不能充分发挥自身

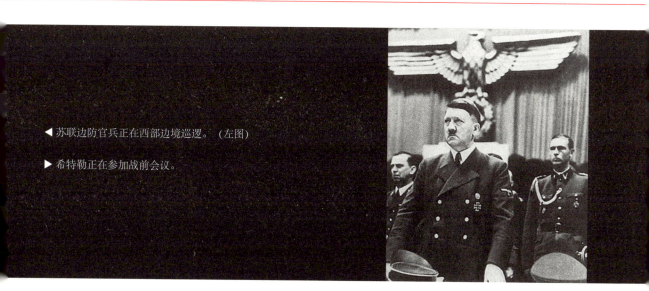

◀苏联边防官兵正在西部边境巡逻。（左图）

▶希特勒正在参加战前会议。

才干。这方面的原因有不少，主要是当时对于各军事机关的职权没有作出明确规定，包括朱可夫的具体职权。在这样的条件下工作，朱可夫只能尽其所能地做好自己的工作，同时利用一切机会向斯大林发表自己的意见。

当时，苏联生产的新型坦克在所有指标上都优于德国的，但生产的飞机却大部分不如德国。朱可夫对苏联的国防工业不太满意，很有自己的看法。

在与斯大林单独会面时，朱可夫直截了当地说："德国的空军是不错的，他们的飞行人员有与陆军协同作战的丰富实践经验。至于在兵器方面，我们的新式歼击机和轰炸机一点儿也不比德国的差，甚至还要好一些。遗憾的是，这样的飞机实在太少了。"

朱可夫还谈到，苏联炮兵各个方面都很好，就是弹药储备很少，特别是榴弹炮、反坦克炮和高射炮的弹药储备尤其不足。斯大林认真地听着，没有打断他的话。

当朱可夫讲完后，斯大林对朱可夫所讲的话没有提出异议。这次谈话以后，苏联政府便采取了加速国防工业发展的重要措施。

6月18日，边防分队的一名指挥官打来电话，向费久宁斯基上校报告道："上校同志，一名德国士兵刚刚投奔到我们这边来了。他报告了非常重要的情报。我不知道我们能不能相信他。可是他谈的情况非常非常重要。"

"你们等着，我马上就去。"费久宁斯基下达了这道命令以后，便立即动身前往边境。

到达分队司令部后。费久宁斯基看见一位高个子的年轻德国士兵。这个德国兵对翻译说，他因为喝醉了酒，揍了一名军官，因为害怕被枪毙，所以逃到苏联人这边来了。

这位德国士兵提供了一个惊人的信息："战争不久就要开始了。"随后又说，6月22日凌晨之时，德军将在德苏边界全线发动进攻。

这位年轻的德国士兵发现大家流露出怀疑的神情，便千方百计要使苏联军官们相信他说的是实话。"上校，"德国士兵加重语气说道，"到了6月22日早晨5点钟，你们如果觉得我欺骗了你们，你们就枪毙我好了。"

当费久宁斯基把这个情报报告给第5集团军司令员时，对方显然不相信这个情报，认为没有必要让部队进入戒备状态。

然而，事态的发展大大出乎人们的意料，德军的战争机器已经发动了。

德军的战略计划完成得很出色。早在1940年完成在西欧的作战行动以后，希特勒就开始把部队调到东普鲁士和波兰。到1941年5月，德军沿俄国国境已经集结了差不多70个师。苏军在其西部边界也部署了大约70个师，但其中许多师仍然缺乏必不可少的武器装备。

5月25日，德国的铁路线开始按新的时刻表运行，每昼夜开出大约100列军用列车。

到 6 月初，三个集团军群已经摆好向苏联发动进攻的阵势：中央集团军群由费多尔·冯·博克元帅指挥；北方集团军群由威廉·冯·勒布元帅指挥，南方集团军群由格尔德·冯·龙德施泰特元帅指挥。

德国方面总兵力约为 140 个师，组成 3 个突击集群，部署在苏联国境沿线上。大体而言，它们装备精良，特别是坦克的性能较好，总共约有 3,500 辆，并得到 3,900 架飞机的支援。苏联方面总兵力约 100 个师，分布在北起摩尔曼斯克北部的巴伦支海，南至黑海的多瑙河口的国境线。此外，约有 60 个师正从苏联内陆地区调来增援边境各部队。

德军进攻前不久，朱可夫开始从内地调集 5 个集团军，以便编成最高指挥部预备队，打算以此进行一次反攻，可是这些部队距离即将成为战场的地区还有 400 到 500 公里。

这就是德军进攻前夕的军事形势。

No.3 战争爆发了

1941 年 6 月 21 日，德军对苏联发动大规模突然进攻的前一天。德国海因茨·古德里安将军到前线侦察地形。

作为一名职业军人，古德里安具有敏锐的观察力。他很快就发现沿着布格河苏联那一侧河岸上的各个支撑点无人守卫，而且在过去的几周时间里，苏军在加强其筑垒阵地方面几乎毫无进展。由此，古德里安确信苏军对于德国方面的作战意图毫无所知，以至于开始怀疑是否还有必要进行预定的炮火准备。

当天晚上，朱可夫接到基辅军区参谋长普尔卡耶夫中将的电话，报告有一名德军的司务长向我军投诚。据这位司务长说，德军正在进入出发地域，将在 22 日晨 3 时发动进攻。

朱可夫立即向斯大林和铁木辛哥做了报告。随后，朱可夫带上给部队的命令草稿，同铁木辛哥和瓦杜丁一起赶赴克里姆林宫。

在路上，他们三人商定，无论如何也要做出使部队进入战斗准备的决定，否则，一旦真的爆发战争，就无法向全国人民交代了。

斯大林听取了他们的汇报，随后反问道："这个投诚者不会是德国将军为了挑起冲突派来的吧？"

铁木辛哥和朱可夫认为这绝不可能，都表示情报是绝对可信的。德军司务长的投诚是局势全面紧张的新预兆，应该让边境地区所有部队进入一级战斗准备。

这时，苏共政治局全体委员都接到了紧急通知，纷纷匆忙地赶到了斯大林的办公室。

斯大林环顾一周问道："我们该怎么办呢？"

屋里静悄悄的，没有一个人回答。铁木辛哥忍不住说："应该立即命令边境军区所有部队进入一级战斗准备。"

朱可夫立即站起来，把命令草稿读了一遍。

斯大林听后表示："现在下这样的命令还太早，也许问题还可以和平解决。命令要简短，

▲朱可夫将军在野战演习中。

指出袭击可能从德军的挑衅开始。告诉部队，不要受任何挑衅的影响，以免问题复杂化。"

显然，斯大林正力争将苏德现有的"和平"局面拖到秋季，而冬天的来临将进一步使德军进攻延至1942年春天，从而可使苏联再得到几个月的准备时间。朱可夫只得和瓦杜丁重新起草一份命令，随后交给斯大林审阅。

斯大林亲自看了一遍命令草稿，然后请铁木辛哥和朱可夫签发。

命令内容如下：

1. 1941年6月22日到23日，德军可能在列宁格勒军区、基辅特别军区、波罗的海

沿岸特别军区、西部特别军区、敖德萨军区正面实施突然袭击。袭击可能从挑衅行动开始。

2．我军的任务是：不受任何挑衅行动的影响，以免使问题复杂化。与此同时，列宁格勒、波罗的海沿岸、基辅、敖德萨各军区进入一级战备，以防德军或其盟军的突然袭击。

3．兹命令：

（1）1941年6月21日夜间，隐蔽占领国境筑垒地域各发射点。

（2）1941年6月22日拂晓前，将全部飞机、包括陆军航空兵的飞机，分散到各野战机场，并加以周密伪装。

（3）所有部队进入战斗装备。军队应分散、伪装。

（4）防空部队不等补充兵员到达，立即进入战斗准备。城市和目标地区应采取灯火管制的一切措施。

（5）在没有特别命令的情况下，不得采取任何其他措施。

瓦杜丁带上这份命令回到总参谋部后，立即向各军区转发。到6月22日零时30分，命令下达完毕。

21日夜间，总参谋部和国防人民委员部全体人员彻夜未眠，办公室里的电话一直响个不停。朱可夫通过高频电话不止一次同军区司令库兹涅佐夫、帕夫洛夫、基尔波诺斯及他们的参谋长进行交谈。各军区负责人都已在各自的岗位上待命。

22日凌晨3时，德国驻莫斯科大使收到一份电报，命令他去会见莫洛托夫，通报如下的信息：苏军在德国边界附近集结，已经到了柏林认为无法容忍的地步，因此不得不采取适当的对策。

莫洛托夫闻听此言，大为震惊，意识到德国人已经向苏联宣战，至于苏军集结之说则"纯属无稽之谈"。况且，德国政府如果觉得苏军的驻扎是对它的冒犯，它本来可以向苏联政府发出一项照会，这就足以使苏联撤出它的军队了。可是德国没有这样做，而是不顾种种可怕的后果，发动了一场战争。莫洛托夫最后向来访者感伤地说："确实我们不应该受到这样的对待。"

与此同时，里宾特洛甫在柏林也把上述情况通知了苏联使节。

6月22日凌晨3时零7分，黑海舰队司令奥克恰布里海军上将报告，有大量来历不明的飞机正向苏联海岸接近。3时30分，西部军区报告，德军空袭白俄罗斯的城市。3分钟后，基辅军区报告，乌克兰的城市遭到空袭。3时40分，波罗的海沿岸军区报告，敌机空袭考那斯和其他城市。

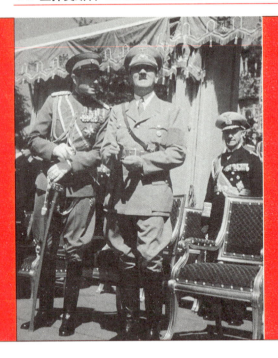

◀ 希特勒表面上大谈和平，背地里却积极准备对苏战争。

▶ 德军指挥官在入侵苏联行动开始时在前线视察，右一为古德里安将军。

战争终于爆发了！

朱可夫感到脑袋嗡嗡作响，全身的血液仿佛一下子涌到了头顶。铁木辛哥大声命令朱可夫给斯大林打电话，电话要通了，但没有人接。朱可夫一直要了好几分钟，才听到值班员充满睡意的声音。朱可夫叫值班员立即请斯大林接电话。

3 分钟后，斯大林拿起了电话，朱可夫报告了德军轰炸苏联各城市的消息，请示允许还击。斯大林脸色刷地一下白了，一下子讲不出话来，时间仿佛刹那间凝固了。

电话另一端的朱可夫着急了，连声问道："您听懂了我的意思吗？"

斯大林仍然沉默了一会儿，最后疲倦地说："你和铁木辛哥到克里姆林宫来一趟。告诉波斯克列贝舍夫（斯大林秘书）一声，让他召集全体政治局委员。"

凌晨 4 时 30 分，全体政治局委员都已集中在斯大林的办公室，铁木辛哥和朱可夫也应邀参加。

斯大林脸色苍白，坐在桌旁，手中握着装满了烟草的烟斗，大声说："立刻给德国使馆打电话。"

他的话刚说完，秘书进来说，德国大使冯·舒伦堡勋爵要求接见，说是带来了紧急通知。莫洛托夫立即迎了出去。

几分钟后，莫洛托夫匆匆走进来说："德国政府已向我国宣战。"

斯大林颓然地坐在了沙发上，胸部急促地起伏着，屋里的人谁都不说话，也不知说什么好。

一阵长时间的沉寂，让人感到时间走得很慢。

朱可夫首先打破沉默，建议立即用各边境军区所有的兵力强烈还击突入的敌军，制止其继续前进。铁木辛哥纠正说不是制止，而是歼灭。

斯大林毅然决然地站了起来，大声说道："下命令吧！"

战争爆发的时候，从巴伦支海到黑海的 4,500 公里边境上，由海岸防御部队和海军负责防御。从塔林到列宁格勒的芬兰湾海岸上根本没有军队。在 3,375 公里的陆地边境上，共部署了 170 个师，根据地形条件和各地段的重要性部署密度极不相同。在列宁格勒军区，长达 1,275 公里的边境上只有 21 个师和 1 个步兵旅，平均每个师的正面为 61 公里。而西部边境其他各军区总长 2,100 公里的陆地边界线上，部署了 149 个师和 1 个旅，平均每个师的正面是 14 公里多一点。

在这一地段的部署形势如下：

波罗的海沿岸特别军区（司令员库兹涅佐夫上将，军事委员季布罗瓦，参谋长克列诺夫少将）有 25 个师和 1 个步兵旅，其中坦克师 4 个，摩托化师 2 个；

西部特别军区（司令员帕夫洛夫大将，军事委员弗米内赫，参谋长克里莫夫斯基赫少将）

有 24 个步兵师、12 个坦克师、6 个摩托化师和 2 个骑兵师；

基辅特别军区（司令员基尔波诺斯上将，军事委员雷科夫，参谋长普尔卡耶夫中将）有 32 个步兵师、16 个坦克师、8 个摩托化师和 2 个骑兵师；

敖德萨军区（司令员切列维琴科中将，军事委员科洛比亚科夫，参谋长扎哈罗夫少将）有 13 个步兵师、4 个坦克师、2 个摩托化师和 3 个骑兵师。

这 4 个军区共有 48 个师编在担任掩护的集团军第一梯队，配置在距国境线 10 公里至 50 公里的地方，其余主力部队则在距国境线 80 公里至 300 公里处。濒海军区的翼侧由海军和主要由炮兵组成的岸防部队掩护。需要指出的是，苏军各师多数还是平时编制，许多武器装备尚未配齐，尤其是缺乏炮兵部队的支持。

6 月 22 日凌晨 3 时 15 分，德军在波罗的海至喀尔巴阡山脉之间分成 3 路大军，发动突然袭击。

德国及其盟国在苏联边境上的兵力部署如下：

德军投入的兵力共 152 个师，其中有 118 个步兵，15 个摩托化师，19 个装甲师，约 3,500 辆坦克，3,900 多架飞机，共约 305 万人，相当于其野战陆军的 75%。

德军进攻分为 3 个集团群：

中央集团军群由博克元帅指挥，下辖第 4、第 9 集团军，第 2、第 3 装甲集群等部队。由卢布林 – 苏伐乌基一线出发，担负的主要任务是消灭白俄罗斯的苏联军队，然后向斯摩棱斯克 – 明斯克 – 莫斯科方向突击。

北方集团军群由勒布元帅指挥，下辖第 16、第 18 集团军及第 4 装甲集群。从苏伐乌基和波罗的海出发，目标是摧毁波罗的海各国内的苏联军队，然后和曼纳海姆元帅指挥的芬兰军队一道，拿下列宁格勒，切断和摩尔曼斯克之间的交通。

南方集团军群由龙德施泰特元帅指挥，下辖第 11、第 17、第 6 集团军及第 1 装甲集群，部署在卢布林和喀尔巴阡山脉之间，任务是向基辅 – 第聂伯河河曲方向突击。

6 月 22 日 7 时 15 分，苏联国防人民委员向各军区发布了第 2 号命令。但根据力量对比和已经出现的情况，第 2 号命令未被执行。

这时，朱可夫站在总参谋部的作战大厅里心急如焚。由于通信系统完全失灵，他无法从各军区司令部得到正确的情报。直到上午 8 时，朱可夫才得到了关于战况的大致情况。

9 时，朱可夫携带苏联最高苏维埃主席团关于实行全国动员和组成统帅部的命令草稿，匆忙赶到克里姆林宫。

半小时后，斯大林接见了朱可夫，在看过命令草稿后对朱可夫说，总参提出的动员范围要进一步压缩，同时提出了具体意见。随后，由斯大林的秘书波斯克列贝舍夫送最高苏维埃主席团批准。

10 时，苏联国防人民委员部宣布，西部边境的波罗的海沿岸军区、西部特别军区和基辅特别军区相应改组为西北方面军、西方方面军和西南方面军。西北方面军由库兹涅佐夫上将指挥，西方方面军由帕夫洛夫大将指挥，西南方面军由基尔波诺斯上将指挥。后来在24 日，苏联又组建了北方方面军、南方方面军。

当天下午 1 时，最高苏维埃主席团发布全国动员令，要求从 6 月 23 日起，在 14 个军区，即除中亚、外贝加尔和远东军区以外的几乎所有军区，对 1905 ~ 1918 年出生的有服兵役义务的公民实施动员，并在本国欧洲部分实行军事管制。实行军事管制的地区内，国家政权机关在国防、保持社会秩序、保证国家安全方面的全部职能，均移交给军事当局。军事当局有权调派劳动者及一切交通工具。

与此同时，斯大林打电话给朱可夫："我们各个方面军司令员缺乏足够的作战指挥经验，看来有点发慌。政治局决定派你到西南方面军担任最高统帅部代表。我还准备派沙波什尼科夫和库利克去西方方面军。他们俩已到我这里接受指示。你必须马上飞往基辅，会同赫鲁晓夫到设在塔尔诺波尔的方面军司令部去。"

这时的斯大林不但已恢复了往日的镇定，而且在战争的重压之下，显得更加充满信心、精神抖擞。

尽管感到很突然，但是向来雷厉风行的朱可夫，在与斯大林谈话后的 40 分钟后就乘上飞机出发了。临行前，朱可夫只来得及给家中打了一个电话，告诉妻子自己要出远门，说不准什么时候才能回来，让她不要等自己。像这样的突然离家远行，不仅朱可夫习以为常，就连他的家人也习惯了。

当飞机在 8,000 米高空平稳飞行时，朱可夫忽然觉得肚子有点儿饿。这时，他才想起自己从昨天到现在一直还没有吃东西。幸好飞行员都带有食品，朱可夫便狼吞虎咽地吃了起来。尽管只是普通的食品，现在吃起来，朱可夫却感觉特别香甜可口。

22 日黄昏时分，朱可夫赶到位于基辅市中心的乌克兰共产党中央委员会大楼，赫鲁晓夫正在那里等他。两位老朋友此时相见，倍感亲切。赫鲁晓夫关切地说："不要再往前飞了，否则有危险。德军飞机总是追逐我们的运输机，应当坐车去。"朱可夫听从了赫鲁晓夫的安排。

随后，朱可夫乘车到塔尔诺波尔去。那里是西南方面军司令员基尔波诺斯上将的指挥所。深夜时分，朱可夫赶到目的地。一下车，他顾不上和高级军官们寒暄，立刻要通了瓦杜丁的电话。

瓦杜丁报告说："到6月22日此刻，尽管采取了有力措施，总参谋部仍无法从各方面军和空军司令部获得我军和敌人的准确情报。现在，得到的情报矛盾百出。"

紧接着，瓦杜丁充满火气地说道："现在总参谋部和国防人民委员无法同库兹涅佐夫和帕夫洛夫取得联系，他们没有向铁木辛哥元帅报告就跑到某个部队去了。现在这两个方面军司令部也不知道他们的司令员目前在什么地方。"

朱可夫不由得骂道："他妈的，混蛋！"

瓦杜丁还告诉朱可夫，斯大林同意了国防人民委员第3号命令草稿，并让朱可夫签上自己的名字。朱可夫不解地问是什么命令。瓦杜丁说，这个命令要求苏军转入反攻，粉碎主要方向上的敌人，并向敌国领土上挺进。

◀1941年6月22日，苏德战争爆发，苏联驻德国大使被紧急召到德国外交部，德国外长里宾特洛甫正在宣读对苏开战的宣言。

▶苏德战争爆发前，一名德军士兵和一名苏联士兵在黑海边界巡逻。（右上图）

朱可夫大吃一惊，不禁着急地说："我们还不确切地知道敌人在什么地方以多少兵力实施突击，能不能在天亮之前先把前线发生的情况弄清楚，然后再定反攻的计划，是不是更好一些。"

"我同意你的观点，但问题已经决定了。"瓦杜丁无可奈何地说。

沉默了一会儿，朱可夫疲倦地说："好吧，签上我的名字吧。"朱可夫心里十分明白，这个命令肯定会遭到有识之士的坚决反对。

晚上12时，西南方面军司令员基尔波诺斯接到了这份命令。不出所料，这一命令遭到方面军参谋长普尔卡耶夫和作战处长巴格拉米扬的激烈反对。他们认为，方面军缺乏执行这个命令所需的兵力兵器。这两人都是朱可夫十分赏识的。此时，朱可夫为自己没有看错人而感到高兴。

命令终归是命令，是必须要执行的。在朱可夫的策划下，西南方面军决定，集中机械化军对突入索卡尔地区的德国南方集团军群的主力部队实施反突击。

23日早晨，朱可夫亲自赶到担任主攻任务的机械化第8军军长利亚贝舍夫的指挥所，会见军长及他的司令部人员。利亚贝舍夫中将是朱可夫的老部下。利亚贝舍夫拿着地图向朱可夫报告了部署，干净利索，句句切中要害。朱可夫刚想表扬几句，外面突然传来空袭警报。

两位老战友在这时都表现出了一派大将风度。

"真他妈倒霉，"利亚贝舍夫若无其事地说，"我们还没有来得及挖防空壕哩。这样吧，大将同志，就当我们已经在防空壕里好啦！"

朱可夫耸耸肩膀："现在我们也许该吃点东西了。"

这时周围传来一阵飞机俯冲的尖叫声和炸弹的爆炸声，朱可夫看到利亚贝舍夫和在场的军官们都在有条不紊地工作，就像在野外演习时一样。朱可夫心中暖融融的，心想：真是好样的，到底还是老部队过硬，有了这些人，我们是不会打输的。

面对德军席卷边境地区的严酷现实，苏联急忙从军事上和政治上采取了一系列步骤，来提高整个国防机构的效能。6月23日，苏共中央和苏联政府宣布成立最高统帅部。国防人民委员铁木辛哥任主席，斯大林、朱可夫、莫洛托夫、伏罗希洛夫、布琼尼和库兹涅佐夫任委员。最高统帅部负责领导武装部队的全部军事活动。

No.4 苏军损失惨重

早在发动进攻之前，德军就派遣了大量的破坏小组破坏电线，枪击苏军联络人员，造成苏军所有西部边境军区同部队的有线通信都遭到了破坏，以致各军区、各集团军司令部无法迅速传达命令。

战争爆发后，由于战争准备不足等多方面的原因，苏联边境部队处于混乱的状态。有的部队接到命令时已太晚，基辅特别军区直到6月22日晨3时至6时，即在战争开始以后还没有接到通知。

还有一些部队的司令部，刚刚来得及把部队拉到公路上排好队伍，反倒成了空袭和迅速推进的德军装甲兵团逐一歼灭的现成目标。例如，波罗的海特别军区下属的第48步兵师在从里加前往边境途中时，在离边界约29公里的地方突然遭到空袭和突破边界防御的德国地面部队的进攻，损失惨重。

在战争的最初时刻，由于遭到空袭和炮击，红军的通信线路大部分被破坏，这就进一步加剧了防御的困难和混乱状况。各级指挥机关不能把命令下达到它统辖的陷入惊慌失措的部队。反过来，防守边境的各部队告急的消息也无法传送到上级司令部。德军最初的炮兵弹幕射击开始以后，德军突击部队和侦察部队便破坏了边界沿线的带刺铁丝网，消灭了或许可以较早地报告情况的苏军哨兵和观察所。

对德军来说，攻击的突然性达到了预期效果，以致进攻正面上的重要桥梁基本上都被他们攻占了。担负炸桥任务的苏军岗哨，还没来得及引爆爆破炸药，就被歼灭了。苏军随后企图轰炸这些桥梁，但都没有成功。

苏联飞机的损失超出了预期的估计，大部分飞机未能及时疏散到紧急简易机场，以致在永久性基地上便被德军迅速击毁。实际上，西部特别军区的大多数空勤人员都在短期休假，他们甚至未能回去保卫他们的基地。苏联方面承认，在西部军区，飞机损失尤为严重，从而使德军立即掌握了这个地区的制空权。

需要指出的是，苏军这段时期配发的新式武器数量太少，根本不能满足各部队的需要。实际上，苏联装配线上生产出来的武器，并不逊色于德国生产的武器，甚至有许多武器胜过德军的。当时，苏联人研制并生产了一种出色的新式坦克，并把它们配备给部队。但问题是，这些武器的数量远远不能满足战争的需求，同时官兵还不能熟练地使用新式武器。

苏军在有史以来最大的袭击中蒙受了最惨重的损失。

朱可夫承认，他们完全没有想到，德军会在第一天就以强大而密集的装甲坦克和摩托化部队投向所有的战略方向，并都能实施毁灭性的侵害突击，这是一个重大的战略性失误。一些苏军的重兵集团在部署上很不合理，导致了被德军迅速合围消灭的命运。另外一个失误，就是西部军区没有在这一方向上部署足够的纵深和加强力量，不能有效地阻止德军的合围。当时的苏军总参谋部和统帅部，缺乏在广大地区实施大规模作战的复杂条件下指挥军队的经验。

熊熊的战火在俄罗斯大地燃烧着。

位于莫斯科以西五百余公里的莫吉廖夫，苏军西方方面军指挥所。

临时被任命为西方方面军司令员的巴甫洛夫，面对德军最强大的中央集团军，作出了一个对于西方方面军有着生死攸关意义的决定。

巴甫洛夫看到紧靠边界部署的前方部队受到威胁，有可能遭到德军步兵师较近距离的包围。而与此同时，他却没有料到霍特和古德里安的装甲突击集群打算在他的后方进行远距离的两翼包围。最后，巴甫洛夫下令把所有集团军和方面军的预备队前调。就这样，巴甫洛夫把剩余的部队都调到了西部，正好送进了德军张开的大口中。

在离白俄罗斯首都明斯克仅80公里的指挥车上，德国最杰出的闪电战代表人物——海因茨·古德里安上将发布了下一场进攻命令。

德军第17装甲师迅速从南面逼近明斯克，同时在北面，霍特上将的第37装甲集团军迅速迂回，以完成钳形包围。这两支部队的前锋于6月26日会师。

两翼合围的德军组成的大铁钳紧紧地合拢了，苏军4个军团约50万人陷入包围中。

被围的苏军拼命想在这个无情铁圈的南段撕裂一道缺口突围，他们在泽尔巴小镇附近的密林中集结残存的坦克、大炮，准备发起孤注一掷的冲锋，以突破德军的包围。

在一阵呐喊声中，苏军士兵发起了冲锋！

狂奔疾驰的骑兵队一马当先，他们高高挥舞着马刀和冲锋枪齐声高呼："乌拉！乌拉！"接着，一批又一批密集成群的步兵发起冲锋，无数寒光闪闪的刺刀举在胸前。

前面的战士倒下了，后面又冲上来一批战士。然而，他们的肉体怎能阻挡得住严阵以待的德国机枪的扫射。直到最后，广阔的田野上堆满了他们的尸体，呈现出一片棕褐色……

巴甫洛夫的西方方面军主力和西北方面军一部约30万人成为德军的俘虏，2,500辆坦克和1,500门大炮落入敌手。仅仅一个星期，苏军就损失了5个集团军。

6月28日，莫斯科西面670公里的明斯克城遭到德军第20装甲师的猛攻。当德军的坦克冲入时，这里已经成为一片火海。

苏军西方方面军指挥所里，巴甫洛夫司令员正在焦急地来回踱步，耳朵听着外面的动静。此刻，他正在密切关注着前线的战况。然而，他无论如何也没想到，此时自己的军队已经陷入了德军的包围之中。

正在这个时候，部下将一份来自莫斯科的命令送到了他的手上。巴甫洛夫一看，倒吸一口冷气，心里凉了半截。原来这是一份撤除他的现任职务的紧急命令，并要求他立即返回莫斯科，同时接受军事法庭的审判。

怀着万分沮丧的心情，巴甫洛夫奉命启程返回，后被军事法庭处决。

1941 年 7 月初，莫斯科克里姆林宫内的斯大林办公室。

在雄伟瑰丽的宫殿里的一个普通房间里，明媚的阳光透过竹帘映照在墙上，留下斑驳的影子。窗台上的一盆花正是盛开的时候，缕缕花香在室内飘散着。与此不谐调的是，屋里面的气氛显得异常的沉闷。

苏军最高统帅斯大林端坐在沙发上，两道浓眉紧紧地锁着，剪得齐刷刷的黑胡子下面是一个大烟斗。他正起劲地抽着烟，一口接一口地吐着烟圈儿。

"巴甫洛夫今晨已被处决，西方方面军的主力部队仍处在德军包围之中，德军的前锋装甲部队继续向东挺进……"

苏联国防部长铁木辛哥元帅坐在斯大林对面的沙发上，沉痛地说。

斯大林默默地听着，一言不发，只是一个劲地吸着烟。他觉得自己的肩上好像有千钧重负一样。由于战前准备不足，致使毫无戒备的苏军在德军强大的攻势面前，节节后退，现在德军正一步步地向莫斯科推近。无论如何一定要阻止敌军前进，否则，莫斯科真的就危在旦夕了。

想着想着，斯大林把他的目光投到了铁木辛哥元帅的身上。

铁木辛哥是苏军中一名以刚毅、勇猛著称的老将，也是一位出色的战术家。他在苏维埃革命时期作为一个战斗指挥官的业绩，使斯大林确信他具有当机立断的魄力，而现在也只有这种当机立断的魄力才能把苏军从深重的灾难中拯救出来。

只见斯大林猛吸了一口烟，声音低沉地说："铁木辛哥同志，眼下整个中央战线的命运只有落到你的肩头上了。下面，我们要认真讨论的问题就是：如何将德军阻截在第聂伯河和西德维纳河畔，不让德军坦克开到离莫斯科仅仅 390 公里的斯摩棱斯克。"说着，斯大林与铁木辛哥一同起身，来到一幅巨型苏联地图前。

当晚，铁木辛哥元帅驱车赶往莫吉廖夫——西方方面军指挥部。越往西走，铁木辛哥的心情就越来越沉重。德军向莫斯科的挺进正在发展成一场声势浩大的进军。越来越多的装甲车、大炮和满载步兵的卡车滚滚向东。而苏军东撤的每一步都好像是踏在他的心上。

当铁木辛哥的车路过城镇和乡村时，他没有勇气去看一眼那些需要保护的妇女和儿童。他的心里一阵阵发酸，为什么我们要撤退？为什么敌人的武器比我们的多？一连串的"为什么"盘旋在他的脑际……

此时的铁木辛哥仿佛也听到了那些人心中默然无语的疑问，他深深地感到祖国和人民、亲人和朋友正面临着无法摆脱的可怕的危难。每让敌人前进一步，他的心中对侵略者的仇恨和怒火就燃烧得越猛烈。

"一定要不惜代价，誓死阻止敌人前进！"

铁木辛哥在心里暗暗对自己说道。

7 月 3 日黎明时分，德军的一架空中侦察机发现了一支强大的苏联装甲部队正沿着斯摩棱斯克－被里索夫公路两侧风驰电掣般地向德军驶来。

这支队伍是精锐的莫斯科摩托化步兵第一师，实力雄厚，配备有一百多辆坦克，其中包括装甲很厚的快速 T－34 型坦克和 KV 重型坦克。

苏德双方展开了惨烈的较量。苏军坦克中体积较小、较易受攻击的 T－26 型坦克和 BT 型坦克很快就被摧毁了，化为烈焰飞腾的残骸，布满了整个战地。庞大的坚不可摧的苏军 KV 型坦克却仍在挺进，在怒吼中向敌人开火，将德国马克型坦克打得四下逃散。

透过冲天的浓烟，古德里安这位德军的坦克战专家也对苏军这种打不垮的钢铁"巨人"大为震惊，陷入惶恐不安之中。

在以往的历次征战中，他从来没有被阻止过。在波兰，他的坦克曾长驱直入，8 天之内就兵临华沙城下；在法国，他的坦克也曾直接在法军人群中冲杀，10 天之内就抵达海峡沿岸。

然而今天，在苏联所遭遇的一切却与以前迥然不同，与往昔几次战役中出现的情况有着天壤之别：这些部队的抵抗非但没有被削弱，反而在向国家纵深撤退的过程中变得愈来愈顽强，虽然他们在军事上受到的挫折是那样的沉重。

"包围他们，进攻他们，消灭他们！"古德里安向士兵们叫嚣！

疯狂的德国马克型坦克如黑压压的蚂蚁群一样，从四面八方蜂拥而上，把苏联坦克"巨人"团团围住，一个个炮口指向同一个目标。"巨人"终于受不住这般猛烈的炮轰，发动机被打坏了。紧接着，德军坦克的炮口又一齐转向 T－34 型坦克。顿时，T－34 型坦克陷入了致命的火力网之中。

坦克大战打得天昏地暗，灼热的高温混合着大量的尘雾，令人窒息。

尽管被打散的苏军战士继续英勇作战，然而，他们抵挡不住德军铁锤般的打击。陷入德军包围中的坦克有的被打断了履带，有的陷在沼泽地内无法动弹，被德国人完整无损地虏获。

滚滚红尘之中，莫斯科第一师的反攻终于失败了。

古德里安再也按捺不住他的急躁的情绪，指挥德军装甲部队向斯摩棱斯克挺进。

斯摩棱斯克是一座矗立在从波罗的海到黑海的古道上的古城。从前，斯摩棱斯克主要从事船舶涂刷树脂的工作，因此城市获得了"斯摩棱斯克"（意为涂刷树脂）这样一个名称。

在欧洲的几条大河中，第聂伯河仅仅比伏尔加河、多瑙河和乌拉尔河稍短些。它的总长度为 2,285 公里，流域的面积达到 53 万平方公里，几乎和整个法国相等。在斯摩棱斯克市附近，第聂伯河两岸的风光真是绮丽无比。在景色如画的小山丘上，坐落着古老的城区，老城四周围绕着建于 1596～1600 年的坚实的城堡。城墙约有 15 米高，宽度则达 5 米以上。城墙部分被标为"哥东诺夫的项珠"。

斯摩棱斯克距离苏联首都莫斯科只有 320 公里。就像近 130 年前所向无敌的拿破仑大军进军莫斯科一样，斯摩棱斯克是进攻莫斯科的咽喉要地。

闪电战开始后的第 19 天，德国法西斯侵略者们就把战火烧到了这里。

对于喜欢大自然的人来说，每当夏日来临之时，第聂伯河就呈现出一派迷人的风光。左边矗立着陡峭险峻的河岸，右边平铺着碧绿的草原。在水晶石般清净透明的空气中，充满着从周围森林中散发出来的芳香……

然而今天的第聂伯河，展现在人们面前的却是另一番景象：

吼叫的机群气势汹汹地挤满了第聂伯河的上空；

呼啸的炸弹如黑雨一层层压下；

炸弹激起层层浪花，黑烟从河面冉冉上升；

第聂伯河在愤怒，第聂伯河在咆哮……

苏联红军在前线的抵抗一天天地变得更为坚强，在第聂伯河上的主要渡口，苏军正在加紧构筑防御工事，整师整师的兵力正迅速开抵前线。苏军共有 42 个师部署在第聂伯河沿

岸，固守这一生死攸关的第聂伯河防线。

奔腾的第聂伯河，像一条屏障阻挡着德军前进的道路。

站在河对岸的古德里安，此时的心情也像这滔滔河水一样不能平静。仅仅 19 天，他们所走过的并不是一条平坦的道路。

"眼下距离莫斯科只有 320 公里了！"古德里安暗自说道，心里顿时涌起了一股混杂着兴奋、得意与焦躁的情绪。

"抢渡第聂伯河，向斯摩棱斯克进军！"古德里安发出了强硬的进军令。

恰在这时，他的侦察尖兵部队带来了意外的消息：旧贝霍夫、科皮斯和什克洛夫三处渡口防守薄弱。

在旧贝霍夫，德国摩托化突击部队乘坐攻击艇渡河夺取了一座桥头堡。后续工程兵部队以惊人的速度架起浮桥，数小时之内两个装甲师过了河。

在科皮斯，摩托化步兵冒着密集炮火和空中袭击乘坐攻击艇向对岸发起猛攻。

在什克洛夫，一个机枪团经过短促的战斗即强渡过河。接着，工兵为第 10 装甲师架起一座桥梁，这座桥甚至比旧贝霍夫处的浮桥架得更快。

急躁冒进的古德里安意想不到地收到了惊人的效果：7 月 11 日抢渡成功，到达第聂伯河东岸。7月14日攻击取得巨大进展。德军的钢铁包围圈在斯摩棱斯克越收越紧，15个师的苏联部队面临着被包围的危险。

德军拼命要把突击部队调过第聂伯河，企图靠坦克的履带在河右岸站稳脚跟，尽力占领斯摩棱斯克北区，尔后以重兵前出至整个西方方面军的后方，这样就可彻底打开通向莫斯科的道路。

在这里抗击侵略者的是卢金中将指挥的苏军第16集团军。该集团军所属各师在兵力悬殊的情况下，浴血奋战，虽然打得精疲力竭，但仍然以炮火和刺刀消灭了岸边登陆场上的敌人，进而渡过此地不太宽阔的第聂伯河，接着发起冲击，将侵略军击退，并力图一举收复斯摩棱斯克南区。

但是，战争是残酷无情的！

德军的坦克、火炮和步兵都占有很大的优势，从拂晓到黄昏，德军的几十架飞机整天在空中盘旋。在这种情况下，苏军要迫使敌人退出已经占领的地区，是不可能的。当然，德军也未能压倒卢金将军的集团军。

第16集团军的兵力并不少，所辖机械化第5军有1,000多辆战斗车辆，独立坦克旅有约300辆坦克，步兵第32军有3个训练有素的步兵师。但是，当卢金赶到斯摩棱斯克时，手里只有两个师：第46非满员师和第152师。集团军参谋长沙林上校眼中流露着凄怆的神情向他报告，其余所有兵团已经转隶给库罗奇金中将指挥的第20集团军。该集团军正在奥尔沙地区进行艰苦的防御战斗。

◀ 战争初期，担任西方方面军司令员的巴甫洛夫（左）因作战失利，而被斯大林处决。

卢金集团军尽管人数不多，但俄罗斯人世代形成的对侵略者的憎恨以及军人们视死如归的精神，使这个集团军似乎平添了几倍的力量，蕴含着强大的战斗力。另外，上级已经下达了严峻的命令，战斗任务简短明确——斯摩棱斯克是通往莫斯科的门户，务必誓死坚守！他们深知自己肩负着重大而光荣的责任。

在德军强大的火力打击下，斯摩棱斯克俨然成了一堵岿然屹立、坚如磐石的铜墙！只见战火纷飞，炮声轰隆，战场上尸横遍野，成千上万的人接连死去，而战斗仍旧夜以继日地进行着！

几天来，卢金中将很难适应西部战线的气氛。刚到斯摩棱斯克的时候，就感到这里的气氛比舍佩托夫卡地区紧张得多。他翻来覆去地权衡和掂量着归他指挥的现有兵力——仅仅两个师。

"实在有点力不从心啊！"他心里不由得感叹道。

卢金仔细查看了地图，发现了铁木辛哥元帅把部队由一个方向调到另一个方向，而且匆忙命令刚到达战区尚未集结完毕的部队立即投入战斗，可见方面军司令部没有预备队。看到这一情景，他就像胸口压了一块石头一样疼痛，感到这是一种捉襟见肘的防御，而对各重要战役方向的掩护也是脆弱的。

是的，卢金此时此刻的感慨真是难以用语言来形容。当他受命领导斯摩棱斯克防御的时候，真有一种无能为力的心情，如同一个拳击手出场的时候，竟然没有披挂他的甲胄——拳击手套一样。

不过，毕竟是身经百战的将领，卢金终究还是没有乱了方寸，而是采取了果断行动，立即把马雷舍夫上校的几个民兵营调回城内，打算让这支部队投入巷战，同时还采取措施，动员市民构筑街垒……

在德军兵临城下的危难时刻，斯摩棱斯克的守卫部队奉命实行"总体防御"，要不惜任何代价坚决将德军顶住。在莫斯科未做好战争准备之前，一定要将德军坦克阻止在斯摩棱斯克一线，要战斗到最后一兵一卒。于是，警察以及由各工厂和机关所有身强力壮的男子组成的民兵，随时增援守城部队。斯摩棱斯克的市民甚至做好了最后的决战准备，如果正规部队在外围防御阵地上不能阻止德军，那么，每一个只要能端得起武器的人就要与敌人展开巷战。

7月15日天刚亮，德军第71步兵团从西南方向沿乡村小道急匆匆地行军，出其不意地逼近斯摩棱斯克城。德国士兵一举占领了守军各个重要的重炮阵地。这时，苏军甚至连想都没有想到德军会在那里出现。

此刻，德军从抓到的俘虏口中得知，苏军在南边的主要通道上设有重防，因而德军决定绕道从东南面发起进攻。

很快，重型火炮、88毫米炮、自动火炮以及喷火坦克全部猛烈开火，为德军轰开一条进攻的道路。

苏军的守卫部队、警察和民兵奋不顾身、浴血奋战，在独特的"战场"上展开了激战，在数不清的房间、楼梯、凉台……在烟雾弥漫的昏暗中，枪弹在各个方向飞行，互相交织在一起。当地军民用刺刀、手榴弹保卫城市的每一条街道和每一幢楼房。

战斗进展到最后关头，苏德双方展开了殊死的搏斗，德军不得不逐房逐区地用手榴弹和刺刀消除苏联人的抵抗。

残酷的巷战在市区日复一日地进行。

当得知敌军占领斯摩棱斯克城市南区后，卢金将军立即带领师政委洛巴切夫和几名参谋赶往斯摩棱斯克北区。他们在车站附近砖房的残垣断壁中停车。正在这时，从第聂伯河彼岸传来德军机枪的射击声，很快就听到了机枪清脆的还击声。看起来，苏军的防御比以前稍微有了加强。

"下一步我们怎么办？"卢金将军用恳求的眼神望着师级政委洛巴切夫，焦虑地问道。

平常，他和洛巴切夫彼此之间是十分了解的，并且以心灵上的相通而自豪，而实际上他们的想法往往会不谋而合。但是，在目前这种前所未有的艰难态势下，他们都感到无计可施。

"应当向方面军司令部报告。"洛巴切夫沉思了片刻回答道，用微颤的手接过有人递过来的香烟。

"报告来得及。我问的是我们能拿出什么办法来。"卢金不耐烦地说。

"一定会下达要我们把德军赶出斯摩棱斯克的命令。"洛巴切夫不慌不忙借火点燃了香烟，瞥了一眼集团军司令员，"如果是这样……那就必须从这方面做出我们的决定。"

卢金对政委的回答感到不满意。他转过身去，把两臂交叉在胸前，紧锁双眉，苦想当前所能采取的最好举措……

无奈之下，卢金还是向总司令铁木辛哥如实做了报告。当听到德军已经占领斯摩棱斯克南区，并且炸毁了第聂伯河上的桥梁的消息后，铁木辛哥的情绪显得非常激动，立即命令卢金无论如何也要奋起反击，全歼城中之敌。

卢金正想再解释几句，电话突然就断了。尽管有几分失望，他还是竭力镇定自己的情绪。在这一非常形势下，卢金开始行使司令员的权力，把集团军司令部和所属兵团司令部尚能工作的部门全部开动起来，战斗命令下达到部队……

7月16日，当暮色悄悄降临到斯摩棱斯克城时，整个城市已经是硝烟弥漫，一片火海。

在付出比预先所想像的更大的代价后，德军最终攻取了斯摩棱斯克。

此后，形势急转直下，古德里安同霍特的坦克集群在明斯克－莫斯科公路上又构成了一个袋形阵势，苏军西方方面军的第16、20集团军在城市北部陷入德军的合围之中。

身为总参谋长，朱可夫大将每天的例行公事就是听取国防委员会，主要是斯大林的指示。这段时间，他与斯大林的接触骤然之间增多了。如果不把通电话算在内的话，他每昼夜必须两次晋见国防委员会主席，并在克里姆林宫汇报情况。朱可夫不仅要报告前线发生的一切重大问题和大本营的工作机构——总参谋部研究归纳的意见，而且还要说明酝酿成熟的结论、设想和当前的战役和战略计划草案。

然而，前线传回来的战报没有给人带来任何欣慰。红军损失越来越大，敌军从许多方向长驱直入，蚕食着苏联领土。因此，斯大林办公室内的气氛显得分外紧张。

终于，不幸的消息还是传到了莫斯科——斯摩棱斯克被德军占领！

▼ 1941 年 6 月，在卢布林宽阔的公路上，德军坦克部队正向莫斯科推进。

第三章

"救火队员"朱可夫

　　为对付德国轰炸机对莫斯科即将实施的疯狂而密集的空袭，
苏联首都军民严阵以待，在最短的时间内做好了防空袭的准备
工作。叶尔尼亚反击战是苏德战争开始以来苏军取得的第一次
重大胜利。希特勒妄图"把彼得堡从地球表面抹掉"，列宁格
勒危在旦夕。哪里有危急，朱可夫就会在哪里出现，因而得到
了一个"斯大林的救火队员"的绰号。列宁格勒保卫战的胜利
具有空前的意义，不仅坚定了苏联人民必胜的信心，而且牵制
了德军的大量兵力，对战场形势的转变起到了重大作用。

No.1 莫斯科严阵以待

按照惯例，朱可夫直接从总参谋部驱车赶往克里姆林宫，准备去向斯大林作例行报告。

在克里姆林宫斯大林的办公室里，斯大林同往常一样，正在处理与战争有关的各种事情。朱可夫一走进办公室，就看见莫洛托夫和沙胡林正坐在铺着绿毯的长桌旁，而斯大林背朝着他们，站在自己的办公桌旁。此时，斯大林正在和坦克工业人民委员马雷舍夫通电话。

此时，莫洛托夫在反复阅读斯大林致英国首相丘吉尔的私人信件的副本。这封信已于7月18日密电苏联驻伦敦大使馆。在这份答复丘吉尔七月份的两次来函的信件中，斯大林告知，苏军遭到德国突然袭击，处境艰难，希望英国尽快开辟反法西斯的第二战场。现在，克里姆林宫正焦急地等待伦敦的回音。莫洛托夫在揣测着复函的内容，思考着苏联外交在哪些方面还应做出新的努力。

航空工业人民委员沙胡林努力克制着睡意，他最近已经有几昼夜几乎没有闭过眼，一连几天穿梭来往于人民委员部、设计局和航空工厂之间，到处请求各方的关照和帮助。

沙胡林面前摆着一大叠秘密文件，最上面的是关于一周来航空发动机和飞机生产情况的综合材料。他竭力想打起精神来，但最终他的头还是伏到了桌子上……

不知过了多久，沙胡林被人从旁边轻轻碰了一下，立刻醒了过来。他抬起头，吃力地睁开眼睛，看到莫洛托夫正笑眯眯地注视着自己。

"战争过后，你要是写回忆录，"莫洛托夫低声对他说，"可别忘了写上你曾在最高统帅的办公室里打过瞌睡……这事谁也没有过……"

沙胡林终于摆脱睡意，不好意思地回答说：

"三夜没睡了……在赶造新飞机。"当看到斯大林朝他们转过身来，眼里闪着严厉的光芒，他就不说了。

直到这时，沙胡林才明白斯大林给马雷舍夫打电话的意思。

"……对，对……马雷舍夫同志，我们委托你来组建新的坦克工业中心，"斯大林带着明显的高加索口音说，"现在，我们有一部分坦克工业基地还处在敌人空军的打击之下，中央委员会希望你能做出妥善安排，还有我们在莫斯科、莫斯科附近地区和伏尔加河沿岸的工厂……"

这时，波斯克列贝舍夫轻手轻脚地出现在办公室门口，他的脸上带着倦容，由于长期睡眠不足，眼里有不少血丝。斯大林好像用后脑就看到了他，把脸转向门口，看了波斯克列贝舍夫一眼，然后又看了一眼门上的挂钟，向他点头示意。接着总参谋长朱可夫和一位陪同他的将军，提着沉重的皮包走了进来。他们把黑亮的军靴后跟碰了一下，表示敬礼，

▲苏联最高统帅部首届组成人员: 斯大林、朱可夫、伏罗希洛夫、铁木辛哥、布琼尼、库兹涅佐夫、莫洛托夫 (从左至右)。

看到斯大林背朝门站着，就坐到桌边。那位将军打开厚厚的公文包，从中取出地图和文件，放在铺着绿毯的桌子上。

斯大林继续对着话筒说：

"马雷舍夫同志，安排高尔基市的工厂生产什么样的坦克，又安排科洛缅斯科耶的工厂和莫斯科的工厂生产什么样的坦克，你可别弄错了。现在前线需要'T34'型和'KB'型坦克……"

斯大林停下来，现在已经不是在沙胡林的疲倦的想像中，而是通过电话筒听到了马雷舍夫低哑的声音：

"斯大林同志，必须帮助坦克修理总局……不是前线所有的人都懂得，打坏的坦克不是战争中的废物、不是垃圾……坦克根本不可能被全部摧毁……它有几千个零件……在最坏的情况下，用三辆坦克也能修复出两辆来。"

"我们能帮点什么忙呢？"斯大林问。

"请命令麦赫利斯同志发动前线的政工人员。这可以帮助我们弥补新坦克生产上的空当，因为现在工厂正向东部拆迁，需要在新的地区重建……"

"好。再见，马雷舍夫同志。"斯大林把话筒放在电话机上，拿起一支蓝铅笔，俯身在桌子上的台历上做了记录。

朱可夫和他的助手看到斯大林有了空，就站了起来。

"请坐，军人同志们。"斯大林向他们挥挥手，看了沙胡林一眼，微微一笑，说道："有人埋怨斯大林严厉……"

斯大林若有所指地看了看朱可夫。"你说说看，这算得上什么严厉呀！人民委员到他

的办公室来汇报……居然睡了一觉……我们没妨碍您吧，沙胡林同志？"

"请原谅，斯大林同志。"阿列克谢·伊万诺维奇·沙胡林感到自己像一个犯了过失的小学生。"下不为例。"

"没什么，常有的事。我知道你不轻松……马雷舍夫的电话打断了我们。刚才谈到哪儿了？"斯大林注视着沙胡林，此刻他的眼神又严肃认真起来。

"您谈到了副人民委员的作用。"沙胡林提醒说。

"是啊……是这样，我们有一些出色的副手！……杰缅季耶夫、雅科夫列夫、赫鲁尼切夫、沃罗宁……真是一些卓越的专家和优秀的党务工作者。他们也应当按照您的安排去看看远处的工厂、试验机场和设计局。……不过，您为什么亲自去雷宾斯克呢？"

"航空机械制造厂那里，设计人员和管理人员发生了纠纷。"沙胡林解释说。

"帕托利切夫同志最善于处理纠纷，他是头等的组织专家，很会做人的工作，善于一下子弄清楚事情的底里。"

"是，我没想到……"

"让我们一言为定，没有我的许可，您不能离开莫斯科。您除去其他任务以外，还要每天向中央委员会和人民委员会做报告……书面报告！……报告飞机和发动机的生产情况。不能只谈已装配好的飞机的情况，而且要谈经过试飞的和打过靶的飞机的情况……"

"都明白了，斯大林同志。"沙胡林站起来，开始把文件收到皮包里。他本想听听朱可夫关于前线战况的报告，但在人民委员部接待室里，各工厂来的"专使"正在等着他。

这时，斯大林走到桌子的另一端，那里放着摊开的地图。

朱可夫大将看出，斯大林开始考虑前线的军务，于是决定把想说的话告诉他。

正当朱可夫要开口说话的时候，斯大林却先开口了："有一次吃午饭时，我们闲谈，说不能怪罪斯大林责骂朱可夫同志。"他把熄灭的烟斗举起来，像是要大家注意，"斯大林骂朱可夫，朱可夫再去骂方面军和集团军司令员，事情办得就会好些。但是，骂朱可夫和司令员们要恰到好处，别让他们在工作中缩手缩脚，以至于事情办得更糟……"

朱可夫心里颤抖了一下，本来他自己想用委婉一点的方式向斯大林说这番话的。

"请转告铁木辛哥同志，别让他过分责怪卢金、库罗奇金和科涅夫。不仅如此，还得向他们颁发崇高的政府奖赏，这样也许会给卢金和库罗奇金鼓一把劲，让他们把德国人赶出斯摩棱斯克……"

"您说得对，斯大林同志……"直到这时，朱可夫才找到说话的机会。"可以报告吗？"

"等一下。"斯大林转向莫洛托夫。"最好让总参谋长了解一下我们给丘吉尔的电报。"他接着向朱可夫解释，"我们向英国首相丘吉尔建议，尽快开辟第二战场。"

"甚至还提出了我们认为可行的建立第二战场的各种方案。"莫洛托夫解释说。

"请原谅，我不太懂。"朱可夫紧锁眉头，眼睛变得小而黯淡。"你们不需要听听总参谋部的意见吗？"

斯大林和莫洛托夫互相看了一下，好像不知如何回答大将的问话。

"在战役战略上是否有利……"朱可夫感到有点儿出言不逊，在挖空心思地挑选字眼，"这方面你们可能不了解……"

斯大林有点扫兴，他轻轻笑了一声，又衔起烟斗，和颜悦色地说：

"我们现在的根据就是在政治战略上有利……我们研究了种种因素。"

"是为了在军事和政治上进行试探，"莫洛托夫打开一个文件夹补充说，"唔，格奥尔吉·康斯坦丁诺维奇，你可以看看斯大林同志给丘吉尔先生的私人电报。"

朱可夫留意到莫洛托夫着重说的"私人电报"这个词，他当即说：

"我不是外交家……既然有必要采取政府首脑间交换私人信件这种方式，总参谋部就大可不必干预了。"

"念吧！"斯大林严厉地说，背过身去，缓缓地走到自己的办公桌旁。

朱可夫拿起那两页字迹清晰的打印文件，开始轻声地读：

"承您发来两封私人电报，谨向您表示谢意。

您的电报是我们两国政府取得一致的开端。现在，正如您有充分根据所说的，苏联和英国已经在反对希特勒德国的斗争中结成盟友。我毫不怀疑，尽管存在重重困难，我们两国将有足够的力量击败我们的共同敌人……"

斯大林接着告知英国首相，苏军在前线的形势依然紧张，并说明了产生这种情况的原因……"据我看来，如果能够在西面（即法国北部）和北面（即北极地区）开辟一个反希特勒的战场，那么，苏联以及英国的军事形势将会大为改观。"

"一切都无懈可击，斯大林同志……思考严谨，就像弹夹中的子弹一样。"朱可夫方才由于斯大林未吸收总参专家参与研究开辟第二战场的方案，说了一些不得体的话，仍然感到内疚。总参谋部人员确实也研究过英国军队在某一地区沉重打击德国法西斯军队的可能性问题。

"弹夹中的子弹，这话很妙。"斯大林带着令人难以觉察的笑意望着朱可夫，"不过，您的问题——为什么没请总参帮忙，还是有道理的。今后，凡与盟国谈判开辟第二战场以及谈判向我们提供援助的时候，我们不仅要依靠总参，而且也要依靠为国防工作的各人民委员部的统计机关。"

"还要征询红军总后勤部长赫鲁晓夫同志的意见。"莫洛托夫补充说。

"倒要看看英国人对您的建议作何反应，斯大林同志。"朱可夫说道。他很满意斯大林理解了自己刚才的一席话。

"不会很快有回音。"莫洛托夫拍了一下文件夹，"我想，他们目前正在搜集和综合我国前线形势的情报，主要是依靠德国的材料。再同我们的材料相比较……而且，我认为，他们在等待，看看初次轰炸之后，莫斯科将作何反应。看能否挺得住？……"

"对，他们是在等待轰炸的效果，"斯大林表示同意。"特别是最近几天，戈林和希特勒在疯狂叫嚣，扬言要通过空袭彻底摧毁莫斯科，把莫斯科淹没在火海中。也许这些威胁语言是恐吓英国人的，因为他们尝过德国空袭的滋味。他们可能担心，你我都死无葬身之地，到那个时候，就没有人跟他们谈判了……"斯大林突然打住话头，看着朱可夫，似乎在竭力搜索下面的措辞，"早在7月4日，就有一架德国侦察机窜入莫斯科西郊上空。从那以后，他们就不断进行空中侦察……"

"是的，斯大林同志。对空情报站已经作了约90架次来莫斯科方向进行侦察飞行的记录。"朱可夫证实斯大林的说法，"有9架飞机闯入市区……我们第6歼击机团的飞行员击落了几架'亨格尔'……撞毁了一架……"

"从几十架德国侦察机中仅仅击落几架，不算多。"斯大林若有所思地说，他走到一个窗户旁继续说："这很不符合我们的看法，我们一向认为，苏联军事科学对于大的行政和工业中心的防空战术深有研究。"

朱可夫想向斯大林解释，这是德国最新式的侦察机，况且，根据被俘的德国飞行员的口供，飞机采取了减轻重量的措施：严格控制携油量，卸掉部分武器，挑选体重最轻的飞行员驾驶飞机……因此，飞行高度可达 8 公里以上。

但是，斯大林仍在注视着窗外，没容朱可夫解释，继续说：

"报告吧……前线情况有什么变化？"

汇报总参谋部综合的前线战况，对朱可夫来说已习以为常。他在桌子上展开战略形势图、德军部署图、苏军状况以及各方面军和中央总部物质技术储备状况报表。他思路清晰，从容不迫，开始汇报说：过去几天内，西北方面军第 11 集团军于 7 月 14 日开始对索利齐地区的敌装甲第 4 集群实施了反突击。结果，我军占领索利齐，德军被击退 24 至 38 公里。

▲苏德战场上，有多达 3,900 架的飞机在空中支援德军的地面进攻。

朱可夫俯身在地图上，历数第 11 集团军目前所在地域中的一系列居民点。

接着，总参谋长谈到西方向的形势，说第 22 集团军在敌优势兵力突击下放弃了大卢基市。

在西南战线，位于基辅以南地区的第 26 集团军对德军装甲第 1 集群转入进攻，但未获进展，只是迫使敌军在法斯托夫、白教堂、塔拉夏等地转入防御。

斯大林听着，留心记住一些重要情况，与此同时，他的思绪却如翻滚的江河水一样奔腾不息。他站在窗边，倾听着朱可夫的汇报，同时又望着窗外有点看厌了的场面：围着板墙的小花园已经变得面目全非，传送带从地下提起泥土，一刻不停地向围墙的顶上滑去。板墙外大卡车在轰鸣，依次把车厢送到传送带下，地铁工人正忙碌着要尽快完成避弹室的建设工程。第二天，克里姆林宫的避弹室工程开工，直到法西斯侦察机飞临莫斯科上空的时候，这项工程仍在进行中。

斯大林心情烦闷，转过身来，看到朱可夫汇报完毕，正用期待的目光看着他。

"我想，朱可夫同志，"斯大林说，"现在正好需要检查一下莫斯科防空区的情况，看看是否做好了反空袭的准备……"他稍微停顿一下，又进一步明确说，"先检查防昼间空袭的准备工作。"

"明天可以吗，斯大林同志？"

"好，那就明天吧！"

斯大林点头同意，莫洛托夫走了。办公室内一片静默。大家都似乎在想一件事：近几天，德国轰炸机可能要对莫斯科进行密集空袭。结局会怎样呢？欧洲国家每一个曾遭到过德国空军轰炸的首都，都感到惊恐万状，束手无策。德国空军比这些国家的防空手段强大。结果，这些国家首都的大片房舍化为废墟……莫斯科的防空如何？……

在莫斯科，扬声器里响起了播音员沉着而严峻的声音：

"公民们！注意！注意！空袭警报……"

随后，城市上空就响起了警报器尖叫声，人们都觉得，刚才还是星光闪烁的夜空，突然变得吉凶莫测了。

在空袭警报的呼号声中，人们开始东奔西跑，纷纷奔向就近的防空掩蔽区。大多数莫斯科人心里还有些疑惑：这是不是真正的空袭警报？德国的轰炸机难道这么快就炸到这里来了？

斯大林果断作出了"关于莫斯科防空"的决定。

与此同时，部队也迅速作出了反应，刚刚出厂的武器投入使用，掩护城市的高射炮部队配齐了技术装备并补足了兵员，新组建的四个高射炮团和两个高射机枪团编入了防空第一军。

尽管前线情况紧急，不得不紧急调拨相当数量的高射炮去组建反坦克团，但总的看来，现有的力量已是一支足可御敌的强大力量……

现在，1,044门高射炮和336挺机枪已准备就绪，威风凛凛地警戒着莫斯科的天空。有一个高射炮团在院内、街头、广场和街心花园挖好炮座，已加强了市中心，特别是克里姆林宫的防御。探照灯已达到618个，可向高高的夜空同时照射出许多光束。每一个高射炮团都辖有一个装备齐全的探照灯营。因此，决定将各探照灯团调出高射炮防区，以便在首都西北和西南接近地形成6个照射区和为歼击机夜战所使用的拦击照射区。最近，苏军

◀苏联青年纷纷报名参军报效祖国。

还计划建立 10 个这样的照射区。

阻塞气球部队也得到了加强。在城市中心，各处水塔和莫斯科的西郊、南郊上空，都高高地悬挂着这种固定的气球。当气球贴近地面时，简直就像大腹便便的孕妇，而当它们飘向空中，下面拖着长长的阻拦索时，从地面向上看去，就像一群可爱的小动物在晚霞下奔跑一样。

不过，防空任务的主要希望还是寄托在善于夜航的歼击机上。因此，担任掩护首都任务的航空兵第 1 军，迅速补充了配备米格－3 型最现代化快速歼击机的两个团。这种飞机是由弗·米·佩特利亚科夫设计的，它装备有火力很强的机枪、机关炮和火箭。总共有602 架歼击机随时待命，可昼夜起飞迎击敌机。

对空情报部队是国土防空指挥部的眼睛和耳朵，这个部队可以预报距市区 250 公里以内来袭的敌机。首都周围共设有 702 个对空情报哨。莫斯科防空区的对空情报总哨，与北部、西北部、西部、基辅和南部各防空区的对空情报总哨建立有直通电话联系。在勒热夫、维亚兹马一线建有几座标志新技术成果的警戒雷达站，这种雷达虽无法确定飞机的国别、数量和飞行高度，但可以测定飞机的位置，保证在 80 公里以内的地区对其进行跟踪监视。无论如何，这样可以排除德军对莫斯科的突然空袭的可能，而且还可以为夜间飞行的歼击机导航，截击敌轰炸机。

莫斯科本身也在紧张和不安的气氛中忙碌起来。工人、机关干部、学生、家庭妇女和退休人员都忙着应召去莫斯科市苏维埃，报名参加消防、救护、防毒、防险工作。莫斯科市民就像遭到电击而突然紧张起来，他们心里想的都是为了一个目标，尽一切可能防止灾难。

莫斯科市苏维埃主席普罗宁、副主席雅斯诺夫、莫斯科市委和莫斯科州委第一书记谢尔巴科夫，依靠机关工作人员，依靠各区苏维埃执委会和区党委，夜以继日地工作，准备迎接严峻的考验。在执委会的指挥下，建立了6个区域专业防空团和26个防空营，各企业和房管部门也成立了几百个自救队和上千个医疗救护队，还成立了清除轰炸后果的团、独立营和连。此外，还有20万人加入了专业消防队，修筑了成千上万个防空洞。

令人振奋的是，莫斯科人奋起战斗！

根据自愿的原则，莫斯科市男女老少开始学习如何灭火、救护、防毒。人们好像经历了脱胎换骨的过程，忘记了各自的苦乐悲欢。住在公寓里的居民们俨然成了一家人，每一座楼的住户都成了为共同利益而联系在一起的战斗集体。而重要的是，每一个人都在自己的岗位上拼命地劳动着。战争需要这样做。

在莫斯科的住房、机要大楼、影剧场、博物馆、医院、商店……到处都有莫斯科市民同德国燃烧弹奋勇搏斗的身影。

为了保卫莫斯科，有成千上万的姑娘志愿加入莫斯科防空区的高炮部队、阻塞气球部队，更有数万名妇女在消防队、防化队和医疗队里工作。

另外，还有数百名中小学生加入到扑灭燃烧弹的行列中。尽管市政府禁止他们参加这一工作，但他们还是想尽办法和消防队一起执勤，有时在空袭时，他们到阁楼上、庭院和大街上单独执勤。

一次，几十颗燃烧弹落在了红场上，当时便有几个小小的身影从国营百货商店大楼台阶上跑出来。他们在震耳欲聋的高射炮声中去扑灭燃烧弹。孩子们用浸湿的鸭舌帽把手包起来，抓住炸弹尾翼，将数公斤重的炸弹使劲往马路上摔去。燃烧剂摔出来了，燃烧弹也就随之熄灭了。

为了表彰孩子们在扑灭燃烧弹中表现的勇敢精神，市政府授予他们"勇敢"奖章。

为表彰胜利地完成首都的防空任务，有数百名莫斯科人被授予苏联勋章和奖章。

为了使敌机难以找到目标，可从空中明显看到的建筑和市内各广场都被涂上了伪装色彩，克里姆林宫附近的莫斯科河拐弯处也被设置了伪装。就连莫斯科近郊的地貌也换了新颜。首都四周200公里以内像经过魔法点化一般，出现了无数的工厂、汽油供应站、粮仓、机场、桥梁、库房……这一切只不过是模型罢了。这是工兵部队在莫斯科市民和莫斯科州居民的协助下修建的，目的是迷惑敌机，使它们分辨不清哪些是真正的军事和工业目标。

但是，苏联领导人的不安心情还是有根据的。斯大林、朱可夫和国土防空指挥部非常明白，苏联方面的战备要想完全瞒过德国人恐怕是不可能的。德国的特务机关并没有失去警觉，德国的侦察机窜入莫斯科上空也不会空手而归的。

这时,苏联的侦察机关已经获悉,敌人正策划某种重大行动……有许多情况只能靠猜测。随着德军深入苏联领土,法西斯空军新修建的机场也越来越靠近莫斯科。仅仅为了保障德军"中央"集团军群进攻莫斯科,德军就集中了 1,600 架作战飞机。

为了直接突袭莫斯科,德军确定了一些具体轰炸目标:克里姆林宫、党中央大厦、《真理报》大楼、团中央大厦、行政机关、大型企业、桥梁、铁路枢纽、居民稠密的住宅区……德军统帅部经过精心挑选,从几个善战的航空大队中抽调人员组建了一个特别航空群。

第 53 "康巴尔军团"远程轰炸机大队已转场到东欧来。这个大队曾先后野蛮地轰炸过西班牙、波兰、南斯拉夫和希腊的城市。该航空大队编成内的"亨格尔 -111"型最新式轰炸机曾不止一次地飞临伦敦和巴黎上空。

第 4 "维维尔"轰炸机大队朝莫斯科方向调来。这个大队曾经于 1940 年残酷无情地轰炸了伦敦、利物浦、伯明翰、布里斯托尔和其他英国城市。

第 55 "戈利夫"特殊任务轰炸机大队飞抵巴拉诺维奇地区各机场,第 28 轰炸机大队也到达博布鲁伊斯克地区……

数百架德军新型轰炸机正准备对苏联首都大举进行毁灭性的轰炸。这些轰炸机的机组人员都是法西斯空军的骨干,其中约有一半机长是德军上校军衔。

这个特别航空群由第二航空队司令官凯塞林元帅统一指挥,此人正在费尽心机地策划着由不同方向、不同高度和在不同时间密集轰炸莫斯科的各种方案。全部行动都以德国人的刻板而拘谨的方式经过周密考虑和预先安排。

看来,即使有对空防御也是在劫难逃了。

苏联领导人对德国统帅部策划通过空袭摧毁莫斯科的许多情况,都是后来从俘虏的上校飞行员的口供中得知的。显然,当务之急是应当采取一切措施,不仅应当保卫莫斯科、列宁格勒、基辅和哈尔科夫,而且应当保卫图拉、谢尔普霍夫、埃列克特罗斯塔利、沙图拉、莫斯科近郊煤矿以及无数个独立的军事目标……

在这生死存亡之际,也许内心最不平静的就是斯大林。虽然每天公务冗杂,日理万机,但他的脑海中总是不时浮现出那些在莫斯科上空出现的、没有标志的轰炸机和向这些飞机开火的场面。

这场景发生在战争开始后的第三天的黎明前。当时,斯大林从克里姆林宫回到在孔采沃的别墅。突然之间,他被高射炮和四联装高射机枪的射击声惊醒。

斯大林急忙穿上衣服,走到楼顶供日光浴用的露天阳台上。他看到一道道雪亮的探照灯光,像是在似明未明的天空上,扫荡那些高射炮弹爆炸迸发出的浓密火花。腾空的火花此起彼伏，异常浓密，甚至令人觉得太空深处有许多大花圃，花圃内鲜艳夺目的玫瑰花正在巨大的白色光束的扫荡下飘落。

▲ 正欲挂弹起飞的德军飞机，准备空袭莫斯科。

弹片在四周呼啸。榴霰弹钢珠嘶叫着落下来，在地上发出噼啪的声响。远处传来飞机发动机的轰隆声。但高空中却没有飞机向莫斯科落下一颗炸弹。只是在远处，机关炮射出一串串金色的光点，短暂地闪烁一下。显然这是某个高射炮连在向一架看不见的飞机疯狂扫射。

斯大林站在小亭檐下，忧虑地注视着莫斯科的上空。

空袭警报很快就被解除了。这时，天色已经亮了，可以看到天空中还弥漫着硝烟。

事后，斯大林得知，原来是一场令人恼火的、危险的误会。苏军轰炸机群执行战斗任务后向莫斯科附近的一个机场返航，由于迷失了航向，向莫斯科飞来。对空情报站没有识别出这些飞机，但上报了飞机的航向，结果，发出空袭警报，莫斯科虚惊一场。

斯大林命令副国防人民委员麦赫利斯把国土防空总部主任、炮兵上将沃罗诺夫和保卫莫斯科的国土防空第一军军长、炮兵少将茹拉夫廖夫叫来，彻底查清事情的原委，而自己则忙着去参加政治局会议，处理那些急切待办的成堆事务。

到达克里姆林宫后，斯大林走下汽车，正好看到入口的拱门下卫队在换岗。

克里姆林宫警卫处处长梅利尼科夫前来换班。他猛地看见了斯大林，不由得怔了一下，随后反应过来，立刻命令这支人数不多、排成两列的卫队："立正！"他自己也一动不动地站在原处。

斯大林边走边向大家点头致意，突然又停住脚步。他想，这些手持卡宾枪，警卫克里姆林宫的年轻人，他们的岗位不仅在大门口，而且在克里姆林宫的城墙上，他们肯定能看到发出空袭警报时克里姆林宫外的情景。

"喂，警卫战士们，空袭的时候你们感觉怎样？"斯大林问他们。

"一切照常，斯大林同志，大家都坚守在各自的岗位上。"梅利尼科夫答道。

"发出警报以后，大街上的情形怎么样？"

梅利尼科夫带着鼓励的眼色环顾战士们的脸说：

"祖比科夫上尉，你回答斯大林同志的问题！"然后向斯大林解释说，"祖比科夫今天的岗位视界最好——由尼科利斯基塔楼至枢密院塔楼……"

斯大林上下打量着阿列克谢·祖比科夫，只见他身材颀长、匀称，面目清秀。

祖比科夫回答说，从克里姆林宫城墙上，他可以极清晰地看到红场和高尔基大街的起点，直到中央电报局大楼。在他看来，警报发迟了，因为紧跟着就听到了飞机轰鸣声和高射炮、高射机枪的对空射击声。稍后，在高尔基大街上，在地铁"革命广场"、"志愿队"车站的方向上，拥来稠密的、衣帽尚未穿戴齐全的人群，有许多人扶老携幼，还带着行囊……

"真有点丧魂落魄的样子，斯大林同志。"祖比科夫上尉最后说。

斯大林向办公室走去，心里感到非常恼怒，思考着方才听到的情况。他在办公桌旁坐下之后，告诉走进室内的波斯克列贝舍夫，他要和莫斯科军区司令防空助理格罗马金将军通话……当他拿起听筒的时候，他仿佛见到了高尔基大街上拥挤奔跑的人群，顿时怒不可遏。

"请问，为什么发出空袭警报，为什么向自己的飞机开火？"斯大林的声音低沉，由于在盛怒之下而若断若续，格罗马金预感到事情不妙。

"斯大林同志，对空情报站还没有学会根据发动机的声音区别飞来的是我方飞机或是德方飞机。"格罗马金抑制着自己的慌乱心情回答，但他觉得自己是正确的，"对空观察员通过线路明确报告，有飞机朝莫斯科方向飞来。我在指挥所别无所知，因为没有通知我这是我方轰炸机，况且，我方轰炸机没有必要在夜间飞临莫斯科上空……当然，我犹豫了一下，因此发出警报稍迟了些……不过，今后凡有企图进入莫斯科上空的飞机，我仍将下达予以击落的命令……"

斯大林想像着格罗马金那张圆圆的脸和那双长在一起的浓眉下面严肃地细眯着的眼睛，对他油然产生了一种赞赏之情：将军是对的……

"好吧，格罗马金同志。"斯大林向他道歉，接着又说，"我满意你的回答……今夜这段插曲就当作一次空袭学习吧……"

斯大林放下听筒，直到这时他才想起，高射炮兵居然连一架飞机也没有击落。这怎么可能呢？

从那以后，已过了将近一个月，他心头的不安不仅没有平息下来，而是更加强烈了。今天，原定举行图上作业演习，想定任务是抗击对莫斯科的昼间空袭，斯大林急不可待，可能是因为他觉得，似乎为时已晚，本来是应该稍早一些进行这次检验的。

斯大林打断这些令他心烦的思绪，用眼光扫视了一下依然在他办公室里端坐的加里宁和马林科夫，开始和他们讨论目前的战局问题。

No.2 叶尔尼亚反击战

斯摩棱斯克会战以后，西线暂趋沉寂。其他几个方面虽仍在激烈战斗，但红军的力量正在得到加强，战线趋于稳定。这标志着大战初期苏军的被动境地即将过去。

这时，德军在列宁格勒的举动引起了朱可夫的注意。德军的持续进攻虽然没有一举攻破苏军的防御，但距列宁格勒已经不远了。在总参谋部，朱可夫与作战部长兹洛宾、华西列夫斯基等高级将领对整个形势进行了讨论。

经过分析，朱可夫认为，对莫斯科的进攻，敌人只能等到消除了苏中央方面军和西南方向上部队对其中央集团军群翼侧的威胁以后才会开始。西北方向的敌人加强自己的部署之后，将力求在最短期间夺取列宁格勒，同芬兰军队会合。

经过反复权衡比较，朱可夫确信自己的预见是正确的。于是，他决定立即报告最高统帅，以便采取必要的对策。

7月29日，朱可夫向斯大林汇报了自己的想法，并且提出了建议：分别从西方、西南方面军和统帅部抽调一个集团军，至少给中央方面军增加3个得到炮兵加强的集团军；由瓦杜丁担任中央方面军司令员。随后又解释说，在德军对莫斯科方向重新推进之前，就会有新的部队加入到首都的防御中来，因此莫斯科的保护不会被削弱。

朱可夫接着又说道："西南方面军必须立即全部撤过第聂伯河。在中央方面军和西南方面军的接合部后面，应集中不少于5个加强师的预备队。它将成为我们的拳头，好伺机打出去。"

听到此处，斯大林的脸色变了，凝视着朱可夫问道："你打算把基辅怎么办呢？"

朱可夫断然回答道："基辅必须放弃！"

在场的所有人听到这句话，不由得都屏住了呼吸，睁大了眼睛盯着朱可夫。

在众目睽睽之下，朱可夫努力控制着自己的情绪，继续说道："在西部方向需要马上组织反突击以夺回敌方的叶尔尼亚突出部。敌人将来可能利用这个桥头堡来进攻莫斯科。"

"哪里还有什么反突击？真是胡说八道。"斯大林高声斥责道，"把基辅交给敌人，亏你想得出来！"

朱可夫毫不退让，针锋相对地答道："如果你认为我这个总参谋长只会胡说八道，那么还要我干什么。我请求解除我的总参谋长职务，把我派到前线去，我在那里可能对祖国更有好处一些。"

"请你冷静些再说，如果你这样提出问题，那么我们缺了你也能行。"

"我是一个军人，准备执行最高统帅部的任何决定。但是，我对形势和作战方法有清

醒的看法，相信这个看法是正确的。而且，我和总参谋部是怎么想的，我就怎么汇报。"朱可夫答道。

斯大林没有打断他的话，迅速平息了自己的怒气，平静地对朱可夫说："你回去工作吧，我们马上研究一下，一会儿叫你来。"

朱可夫收起地图，怀着沉重的心情离开了斯大林的办公室。半小时后，他又被叫回到最高统帅部。

斯大林告诉朱可夫，已经作出决定，由沙波什尼科夫接替他的总参谋长职务。他继续说道："我们想叫你去担任实际工作，你有在实战条件下指挥部队的实践经验，在作战部队肯定会发挥作用。当然，你仍然是副国防人民委员和最高统帅部的成员。"

"命令我到什么地方去？"朱可夫问道。

"你刚才汇报说要在叶尔尼亚附近组织一次战役，那就请你负责这件事吧！"斯大林接着说："必须把勒热夫－维亚济马防线上各预备队集团军的行动统一起来。我们任命你担任预备队方面军司令员。"

7月31日，朱可夫把总参谋部的工作交给了沙波什尼科夫，自己赶往预备队方面军司令部所在地格扎茨克，见到了参谋长利亚平少将和方面军炮兵司令戈沃罗夫少将。

当天，朱可夫与助手们一起，特别仔细地研究了影响准备和实施旨在消灭德军叶尔尼亚集团的战役条件。随后，他和戈沃罗夫等人前往第24集团军司令部，这支部队正与敌人炮兵对射，亚尔采沃、叶尔尼亚和维亚济马以西的天空，被炮火映照得一片通红。

第二天，朱可夫同第24集团军司令员拉库京前往叶尔尼亚地区，进行实地侦察。他们发现，德军已经在防御前沿和纵深，把坦克、强击火炮等都配置在掩体内，整个叶尔尼亚突出部成了一个坚固的筑垒阵地。显然，要在叶尔尼亚取胜，必须进行更充分的准备工作。

对前线作了认真视察后，朱可夫雷厉风行，立即采取了几项断然措施：

1. 命令第24集团军用各种侦察方法搞清敌人的火力配置；
2. 增调2至3个师和炮兵部队；
3. 配送各种物资技术保障器材。

朱可夫初步确定进攻不早于8月下半月，因为准备工作至少需要10～12天时间。

为了不使德军察觉苏军行动上的变化，朱可夫指示继续保持防御行动的姿态，并用一贯的方式打击敌人，掩盖一切变更兵力兵器的部署。这样做的另一层目的，是为了不给德军以安宁，用炮火尽可能地就地消灭其有生力量。

自从到叶尔尼亚前线后，朱可夫立刻全身心地投入工作，每天工作20个小时左右，做了大量的准备工作：不仅察看地形、熟悉部队，而且亲自审问德军俘虏，了解德军的部署和官兵的士气情况，做到知己知彼。尔后，朱可夫精心制订了周密的作战计划。

德军的推进遭到阻滞以后的一段时期，对德国人来说是一段犹豫不决的时期。苏联防御的顽强程度肯定是他们没有料到的。而且，希特勒对于进攻列宁格勒、莫斯科或乌克兰这三个目标的先后顺序似乎一直拿不定主意。

8月4日，希特勒前往中央集团军群指挥部所在地，在听取了冯·博克元帅的扼要报告后，最终提出把列宁格勒作为主要目标。至于下一个目标是莫斯科还是乌克兰，希特勒仍然没有作出决定。

乌克兰的经济资源对于希特勒显然是具有吸引力的。此外，他认为除掉克里米亚这个被用来攻击罗马尼亚油田的苏联"航空母舰"是十分重要的。希特勒还表示希望在冬季来临时占领莫斯科和哈尔科夫。

可以肯定，苏军在斯摩棱斯克附近的顽强防御，严重地破坏了希特勒的战争时间表，并且动摇了他早日结束这次会战的信心。

8月15日，德国统帅部从中央集团军群抽出了一个坦克师、两个摩托化师去支援利布的北方集团军群，以对付苏军在旧鲁萨附近的猛烈反击。这样一来，德军在两个半星期之内无所作为，向莫斯科方向的推进完全停顿下来。机警的朱可夫首先察觉到敌军战略目标的这种变化，并立即报告给斯大林。

8月初，古德里安曾打算向莫斯科方向发动进攻，但终于决定把矛头指向南方，以消除苏军中央方面军对德军中央集团军群右翼的威胁。

朱可夫注意到德军中央集团军群的部分军队转向南方方向。

8月18日，预备队方面军司令员朱可夫大将向斯大林作了详细报告：

敌人获悉我已在通往莫斯科的道路上集结大批兵力……所以暂时放弃了对莫斯科的进攻，转入对我西方方面军和预备队方面军的积极防御，而把所有的快速突击力量和坦克部队用来对中央方面军、西南方面军和南方方面军作战。敌人的企图可能是：粉碎中央方面军、进抵切尔尼戈夫－科诺托普－普里卢基地区，从后方实施突击以粉碎西南方面军。

为了挫败这一图谋，朱可夫建议在布良斯克地区集结一支强大的部队，用以对敌之侧翼实施突击。

当天，朱可夫收到最高统帅部的如下复电：

你关于德军可能向切尔尼戈夫、科诺托普、普里卢基方向挺进的意见，我们认为是正确的。为了预防和制止这种复杂情况的发生，已组成以叶廖缅科为首的布良斯克方面军，并正在采取其他措施（另行通知）。我们相信能够阻止德军的前进。

这封电报落款的署名是斯大林和沙波什尼科夫。

8月中旬，西方方面军的一部和朱可夫的预备队方面军所属第24集团军，准备对叶尔尼亚和杜霍夫施纳地域的德军实施反突击。8月17日，朱可夫下令向叶尔尼亚地区的德军发起进攻。战斗十分激烈。双方在所有地段同时展开激战。德军用密集的大炮和迫击炮火力妄图阻止苏军的进攻。朱可夫毫不示弱，命令动用方面军所有的飞机、坦克、大炮予以还击。

在朱可夫卓越的指挥下，第24集团军达到了攻占有限地域的目标，并在进攻的整个地段上压倒了敌军。在叶尔尼亚地域的战斗中，德军损失惨重，不久便不得不把两个溃不成军的坦克师、一个摩托化师和一个摩托化旅撤出防线。在这次战斗中，苏军首次使用了一种新式武器——"喀秋莎"多管火箭炮，收到了良好的效果。

▲担任预备队方面军司令员的朱可夫将军在前线下达作战命令。

古德里安此时向德国陆军最高司令部建议说："关于叶尔尼亚突出部，鉴于它现在已经没有意义，而且继续在造成伤亡，应予放弃。"

德国统帅部没有接受古德里安的这个主张。直到8月底，他才接到撤出并向苏联西南方面军侧后迂回的命令。

8月23日，德国最高指挥部终于作出了决定：乌克兰被选定为主要目标。在集团军群指挥部的一次会议上宣布："无论是列宁格勒战役，还是莫斯科战役，先不进行了，当前的目标应该是夺取乌克兰和克里米亚。"

古德里安被推选前往希特勒设在东普鲁士的总部，去向最高元首当面阐述前线指挥官们的看法。然而，古德里安并没有达到目的，最终一无所获地返回了前线。

此时，苏军的伤亡也很严重，朱可夫请求补充兵员，并于8月24日下令停止"全面进攻"一天，而在次日再重新开始。30日，苏军以第24集团军为主，第43集团军协同，从东北和东南两个方向对叶尔尼亚突出部纵深阵地实施了向心突击，从而没有给德军以喘息之机，切断了他们的退路。叶尔尼亚突出部的咽喉，已经被苏军的铁钳越夹越紧。

9月6日，德军残部趁着黑夜，撤出了叶尔尼亚突出部。这是自从卫国战争开始以来，德军第一次被彻底逼退。他们丢下了大量伤亡人员、损坏的坦克和重武器。

同一天，苏军进入了叶尔尼亚城。为追击逃走的敌人，苏军于次日渡过斯特里亚纳河，并与西方方面军的部队会合，继续展开进攻。到8日，叶尔尼亚突出部对苏军的威胁彻底解除了。后来，因为遭遇到德军的抵抗，苏军的进攻逐渐停顿下来。

9月10日，沙波什尼科夫元帅下令停止进攻，并命令方面军占据防御阵地，叶尔尼亚突出部反击战胜利结束。在这一战役中，德军共损失了近5个师，伤亡达4.5万至4.7万人。

"斯摩棱斯克防线"是一块盾牌，苏联各集团军在这块盾牌掩护下，得以重新组合并调集预备队以保卫莫斯科。朱可夫及其战友们建立了令人难以置信的功绩，通过发动一系列反击，遏止了德军对莫斯科方向的攻势。否则，莫斯科很可能会像希特勒原来计划的那样，在冬季来临之前被攻陷。斯摩棱斯克会战使希特勒的闪电战丧失了大部分势头。苏军在斯摩棱斯克地区的据守，是对德军计划的首次打击。

叶尔尼亚反击战的意义远不止此，尤其反映在它是苏德战争开始以来苏军取得的第一次重大胜利。由于叶尔尼亚战役的胜利，苏军的士气得到大大提高，各部队更有信心向敌人发动协同一致的反冲击，以火力大量杀伤敌人，并能抗击住敌人的反冲击。同时苏军也学到了与德军斗争的多方面经验。

一个月后，朱可夫将自己的心得体会和盘托出：

一个司令员要顺利完成所赋予的任务，究竟需要掌握哪些东西。我深刻体会到，谁能对所属部队进行良好的政治教育，善于向部队讲明战争和当前战役的目的，善于提高军队的士气，英勇作战，不畏艰险，信任部属，谁就能打胜仗。及时地掌握敌军及其指挥官的弱点，看来也是获得战斗或战役胜利的一个至关重要的条件……

斯摩棱斯克会战迫使德国人就战略问题进行了激烈的辩论，德军指挥部内部对于今后的作战方针发生了新的分歧。

8月底，德国元首希特勒的指令正式发布：

冬季尚未来临之前必须达到的主要目标，不是夺取莫斯科，而是在南方占领克里米亚和顿涅茨的工业区及煤炭产区，同时孤立俄国在高加索的石油产区。而在北方，则要包围列宁格勒并同芬兰军队会合。

德国调整了军事目标，不急于攻占莫斯科，而是从夺取南、北方战略目标入手，把列宁格勒作为他们的下一个重要目标。

No.3 朱可夫重任在肩

1941 年 9 月 9 日,朱可夫正在指挥夺取斯特里亚纳河西岸登陆场的战斗,忽然接到沙波什尼科夫的电报,命令他于当天 20 时前赶到最高统帅部。虽然朱可夫知道斯大林从不容忍迟到行为,但是作为指挥员,朱可夫不能不考虑当前战场的需要。

朱可夫略微考虑了一下,给总参谋长拍发了一份电报:"请报告最高统帅,由于这里的形势,我将要求迟到 1 个小时。"

黑夜中,朱可夫驱车来到莫斯科克里姆林宫。这时,突然一道刺眼的手电筒光照到他的脸上。迎面走来的是卫队长,他是奉命来接送朱可夫的。

当朱可夫走进屋里时,斯大林正在吃晚饭,同在一起吃饭的还有莫洛托夫、马林科夫等人。

斯大林没有询问朱可夫迟到的原因,而是跟他谈了列宁格勒目前的战局。当时苏联后方与列宁格勒的陆上联系已被切断,芬兰军队从北面进攻卡累利阿地峡,德军北方集团军群在坦克第 4 集群加强下,从正南向该城攻击。斯大林说完这些话,眼睛转向了列宁格勒形势地图。

这时,一位国防委员会委员插话说:"我们刚才报告了斯大林同志,列宁格勒方面军的首长恐怕不能扭转那里的形势。"

斯大林不满意这个插话,仍然沉默着,继续看着地图。他突然问道:"朱可夫同志,你对莫斯科方向的形势有什么看法?"

朱可夫知道斯大林是想全盘考虑各个方面军的形势。略微考虑之后,朱可夫答道,德军的伤亡也很严重,如果不能结束列宁格勒战役,不与芬兰军队会合,未必能够立即在莫斯科方向展开进攻。这一判断似乎坚定了斯大林的决心。

斯大林满意地点点头,亲切地对朱可夫说:"你这一次打得不错。你那时是对的(此处指 7 月 29 日的报告)。现在想上哪?"

"回前线去。"朱可夫干脆地说。

"回哪个前线?"

"您认为需要去的那个前线。"

斯大林脸上露出少有的舒心的笑容:"去列宁格勒吧!列宁格勒处境十分困难。德国人如果夺取了列宁格勒,并且同芬兰人会合,就能从东北面迂回莫斯科,那时的形势就要严重得多。"

同时,斯大林提醒他,要飞越德军空军的控制区才能到达列宁格勒,因此他只给了朱可夫一张字条，要他亲手交给伏罗希洛夫，上面写着，"请将方面军交给朱可夫指挥，然后立即飞回莫斯科"，而任职命令要等他安全抵达列宁格勒之后才正式下发。

朱可夫表示坚决服从，但他要求允许带两三位将军去，替换过度疲劳的司令员。

斯大林说："你愿意带谁就带谁去吧！"

随后，就各方面军领导改组及敌人下一步的行动，斯大林又征求了朱可夫的意见。

朱可夫建议由铁木辛哥继任司令员，而空出来的西方方面军司令员职务则由第19集团军司令科涅夫中将接替。斯大林立即打电话让沙波什尼科夫照此执行。

但是，当朱可夫再次强调乌克兰方面的危险局势，要求把全部基辅集团撤过第聂伯河时，斯大林则又一次固执地提出了"基辅怎么办"的问题。

"斯大林同志，无论多么令人痛心，基辅也必须放弃。我们别无其他出路。"朱可夫知道这是最后的机会，然而还是遗憾地丧失了。

▲进军途中的古德里安（左三）正与下属交谈。

▲ 1941 年秋，苏军士兵在坦克掩护下向德军发起进攻。

9 月上旬，基辅战役开始，西南方面军主力部队没有能够及时撤出包围圈，许多高级将领和大批官兵牺牲或被俘，其中包括方面军参谋长和政治部主任等人，方面军司令员基尔波诺斯上将也壮烈殉国。苏联红军在此役中被俘的人数，最高估计达 65 万人。

1941 年 9 月 10 日早晨，朱可夫带领自己亲自挑选的霍津中将、费久宁斯基少将（曾随朱可夫参加哈勒欣河战役）和科科佩夫少将，来到莫斯科中央机场，乘专机飞住列宁格勒。

天气阴沉，凉风习习，让人感到十分清爽。机长过来报告说，全体机组人员已经做好飞行准备。朱可夫一行不约而同地看了看天空，乌云密布，云层很低。

机长笑着说："我们能钻过去！在敌军上空飞行，这是最合适的天气。"飞机直接飞向列宁格勒。

哪里有危急，朱可夫就会在哪里出现。为此，他得到了一个"救火队员"的绰号。

列宁格勒原称圣彼得堡，是彼得大帝在 1703 年建立的"西方的窗户"。此后 200 多年来，它一直是疆域广大的俄罗斯帝国的首都。正是在这里，布尔什维克于 1917 年 11 月夺取了政权。列宁格勒是苏联第二大城市，有 300 多万居民，是苏联最重要的海港和重要的工业、文化中心。

列宁格勒的重要意义，苏德双方都很清楚。早在 1941 年 7 月，希特勒就决定将列宁格勒和莫斯科夷为平地。

希特勒声称，这样"不仅使布尔什维克主义，也使莫斯科人的民族主义失去中心。"

德国海军司令部命令说："元首决定把彼得堡城从地球表面抹掉。应将城市严密封锁，并用炮兵和不停的轰炸将它夷为平地。如果他们由于城内造成的情况要求投降，也应予以拒绝。"

战争爆发后，伏罗希洛夫负责指挥西北方向（包括列宁格勒在内），日丹诺夫担任军事委员会委员，扎哈罗夫少将则被任命为西北方向的参谋长。德军于6月发动突然进攻以后，不断向这个俄国前首都推进，在夏季快要结束的时候，列宁格勒面临的形势越来越严峻。到7月初，西北方面军原有的30个师只剩下5个装备齐全的满员师了，其余各师严重减员，只剩下10%～30%的兵力。

希特勒统帅部为了夺取列宁格勒，将大量军队投入进攻。在7月至8月西北方向的作战中，德军占领了列宁格勒州的大部分地区。

到8月20日，德军已绕过卢加河防线，推进到赤卫队城（加契纳）周围地区。在赤卫队城和列宁格勒之间仅仅部署着为数不多的编制不全的红军部队，形势十分危急。当天，伏罗希洛夫和日丹诺夫不得不向西北方面军部队发出紧急呼吁：

"列宁格勒在危险中，野蛮的法西斯军队正向我们光荣的城市——无产阶级革命的摇篮推进……我们的神圣职责就是在列宁格勒的大门前用我们的胸膛挡住敌人的去路。"

第二天，德军的几个师推进到离城市更近的地方。德军第1军完好无损地夺占了采多沃的铁路桥和公路桥，切断了列宁格勒通往莫斯科的铁路。8天之后，德军又攻占了托斯诺，向穆加车站、亚米若拉和伊万诺夫斯科耶挺进。经过激烈战斗，德军占领了穆加这个重要的铁路交叉点，于是列宁格勒同俄国其他地区的最后一条铁路线被切断了。这时，德军第16集团军开始从东面包围列宁格勒，沿着涅瓦河左岸向拉多加湖方向推进，甚至在一些狭窄的地段也投入了大批飞机，试图冲破防线。

9月6日，近300架德军轰炸机袭击了内务人民委员部所属的第1师防守的一小段地域，给苏军人员和武器装备造成重大损失。

空袭之后，德军指挥部以强大的装甲部队投入夺取施吕塞尔堡（彼得要塞）的战斗，到8日，苏军第1师被切成两段。当德军进抵拉多加湖南岸，占领施吕塞尔堡以后，陆上封锁宣告完成。接着他们开始收紧对列宁格勒的巨大的钳形包围，派出一批又一批轰炸机炮击市区，企图摧毁苏军的抵抗。

在此危急关头，伏罗希洛夫没有发挥出应有的作用。斯大林解除了伏罗希洛夫担任的列宁格勒方面军司令员职务，后来把他调到国防委员会。

从莫斯科的伏努科沃机场起飞后，朱可夫和由自己亲自挑选的3名军官在途中便着手拟订初步计划。从莫斯科到拉多加湖的飞行路线一直都在下雨，但就在他们飞临湖面的时候，天气突然开始放晴。

在拉多加湖上空，朱可夫他们乘坐的"里-2"运输机遭到了两架德军"梅塞施米特"

式歼击机的追逐，不得不采取超低空飞行状态，以躲避对方的攻击。幸好"梅塞施米特"没有能及时占据有利攻击阵位，不久，"里－2"安全降落在列宁格勒市内的要塞机场。

一下飞机，朱可夫一行4人就直奔方面军司令部所在地斯莫尔尼宫。此时方面军军事委员会正在举行会议，讨论一旦扼守不住列宁格勒，应采取哪些措施。朱可夫态度十分强硬，指示暂不采取任何放弃城市的措施，坚决保卫列宁格勒，直到最后一个人。

朱可夫把纸条交给伏罗希洛夫，没有经过什么特别的手续，就接管了列宁格勒方面军司令的一切权力。

随后，朱可夫和伏罗希洛夫在交换资料上签了字，随后一起走到电报机旁。朱可夫向统帅部报告："我已接管指挥职务，请向最高统帅报告，我希望比我的前任更积极地工作。"

伏罗希洛夫对统帅部没有说什么就走了出去。当天晚上，伏罗希洛夫和他的大部分参谋人员都飞回了莫斯科。方面军领导也相应进行了改组，朱可夫同时还撤换了第42、第8两个集团军的司令员。

朱可夫接过指挥权时，战场局势已经变得十分危急。由于施吕塞尔堡失守，列宁格勒同苏联其他地区的陆路交通均被切断。德军在20公里宽的一块地段上突破到拉多加湖沿岸，把被合围的列宁格勒方面军同穆加以东、在沃尔霍夫河一带的苏军部队分隔开来，后者正在竭力阻止德国装甲部队向列宁格勒东部推进。

苏军第8、第42、第55集团军被迫退往城郊的环形防线或退往芬兰湾。苏军南部战役集群，即卢加战役的残余部队，由于被德军坦克第4集群包抄和合围，结果一部被歼，一部向东和东北方向突围。这样，德军已经越来越逼近列宁格勒了。

德军向列宁格勒发动最后进攻，意图有三个：

首先，将由第16集团军的部队和坦克第4集群的摩托化第39军沿涅瓦河和沃尔霍夫河一线提供侧翼掩护，并在可能情况下发展成一次新的推进，以便在斯维尔河（拉多加湖以东）同芬兰军队会合。

其次，将由坦克第4集群其他几个摩托化军、第18集团军以及第16集团军的支援部队（从赤卫队城到普尔科沃高地和乌里茨克一线，约有8个师，对付苏军第42集团军；在科尔平诺到普希金和斯卢茨克这个方向上，共有3个师，对付苏军第55集团军）从南部和西南部对列宁格勒本身发动一次锥形突击。

第三，德军将设法突破到芬兰湾，以便歼灭背靠芬兰湾（从奥拉宁鲍姆到科尔诺沃）、守卫列宁格勒西部接近地和西南部接近地的第8集团军。

经过为变更部署和进一步进行准备所必需的数天延迟之后，德军中央集团军群于9月

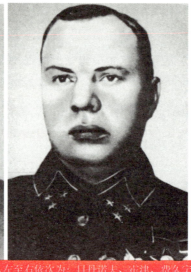

▲列宁格勒保卫战中的苏军指挥官，从左至右依次为：日丹诺夫、霍津、费久宁斯基。

9日发动了进攻。尽管苏军进行了拼死抵抗，第一天战斗结束时，前沿防线的一段10公里宽的正面被突破到2.5～3.2公里的纵深，并不断冲击普尔科夫高地、普希金地区和科耳皮诺地区。随后，德军又对收缩防线的苏军加紧攻击。第42集团军在德军的连续攻击之下，早早地用尽了自己的预备队。这天拂晓，德军占领了杜杰尔戈弗；次日，又占领了红谢洛。

对苏军来说，战场的形势已经到了极为紧急的地步！

为了尽快阻止德军突击部队在乌里茨克和列宁格勒方向的进一步进攻，9月10日，朱可夫同助手们进行彻夜研究，讨论如何进一步动员一切人力和物力来保卫列宁格勒。

经过集体讨论，朱可夫精心制订了一个加强城防的计划。这一计划体现了朱可夫敏锐的观察力和独具匠心的领导艺术，主要内容有5条：

首先，从市区防空部门撤出部分高射饱，并将其配置在列宁格勒的最危险的防御地段，实施直接瞄准射击，以加强其对坦克的防御。

其次，将全部炮火力集中支援乌里茨克－普尔科夫高地地段上的第42集团军守备部队。

第三，在各要害方向上赶快着手建立纵深梯次防御，埋设地雷，并在部分地区设置电网。

第四，从卡累利阿地峡抽调第23集团军部分兵力给第42集团军，以加强乌里茨克地区的防御。

第五，以波罗的海红旗舰队水兵、列宁格勒各军事院校和内务人民委员部人员组建5～6个独立步兵旅，限6～8天完成。

从10日晚至11日晨，朱可夫都在与大家研究当前局势和保卫列宁格勒的补充措施，但有一点是他不容任何质疑就确定下来了,即要考虑的不是城市陷落时的非常措施,而是如何确保列宁格勒不落入敌手。

为此,朱可夫提出了响亮的口号:"不是列宁格勒惧怕死亡,而是死亡惧怕列宁格勒!"

9月11日,最高统帅部正式签发了任命朱可夫为列宁格勒方面军司令员的命令。霍津中将被任命为方面军参谋长,费久宁斯基少将接任第41集团军司令。

朱可夫立即开始了自己的工作,采取一切必要的措施来恢复列宁格勒的防御,在一切问题上毫不留情,不管这样做会得罪谁。朱可夫坚持要撤换关键性的人员,因为朱可夫宁愿自己周围有一批自己知道确实是精明强干的人。

朱可夫一到前线,就发现第8集团军纪律松懈,如同一盘散沙,有些师长没有接到命令就退出战斗,不少士兵一听见枪声就跑。朱可夫认为对此必须采取最严厉的措施进行整顿,于是颁布命令,凡是失职的都要处决。为了使命令具有威力,朱可夫逮捕和枪决了一批有叛国行为或擅离职守的军官和士兵。对一些不良风气弥漫的连队宣布解散,士兵重新分配。

对军队各机关部门的作风,朱可夫也开始大力整顿,坚决纠正不负责任、形式主义等不良作风。经过整顿,部队的战斗力明显增强。

有一次,方面军工程处长比切夫斯基向朱可夫汇报工程事务。他例行公事地汇报了目前的工事状况、防御准备情况及下一步打算做的工作。

朱可夫认真地听着,没有打断他的话,后来又转过身来,开始看挂在墙上的城市防御工事大比例尺地图。

过了一会儿,朱可夫突然问道:"把坦克放在彼得罗斯拉夫扬卡区干什么?你对我隐瞒了什么?你过来,这里有些问题。"

"司令员同志,这是模型坦克。"比切夫斯基急忙解释说,"我们在马里伊斯基剧院的道具车间造了50辆,德军轰炸了它们两次。"

"两次!"朱可夫嘲讽地说,"这把戏你们玩了多久了?"

"德国人不久就会看透这个把戏,就会开始用木头炸弹来炸这些模型坦克了。"朱可夫十分幽默地说。

朱可夫立刻命令比切夫斯基组织人员第二天再造出100辆,放在他在地图上指定的两个地方,表示在这个"把戏"还灵验时要好好利用。

在战争的非常时期,每个列宁格勒市民都成了战士。他们竭尽全力生产武器、弹药和军事技术装备,所有工作都是在炮击和轰炸的情况下完成的。德军要摧毁的首要目标,包括所有繁华的街区,还有工厂、大专院校、中小学、车站、医院和商业中心等。德军在进攻波罗什一带的涅瓦河防线时，甚至驱赶当地居民走在前面，使苏军只能以精确的曲射火力打击其纵深。

据德军俘虏供认，对列宁格勒炮击的基本任务是"杀伤市民、破坏工厂和重要建筑物，震撼列宁格勒人的精神"。

但是，列宁格勒人的精神却反过来给了德国人以极大的震撼，这真是对德军的绝妙嘲讽！

位于城市近郊的工厂里，工人们一面为部队生产武器装备，一面自己也拿起了武器，就在工厂的院墙和厂房上与侵略者展开搏斗。中青年工人参加了军队或是民兵，少年、妇女和退休工人们顶替他们生产。生产重型坦克的基洛夫工厂变成了大型支撑点，工厂朝向前线一面的车间窗户全部用铁板和沙袋挡住，坦克从生产线上昼夜不停地直接开赴前线。

9月13日，德军2个步兵师、1个坦克师和1个摩托化装甲师突破苏军防御，占领了康斯坦丁诺夫卡、索斯诺夫卡和芬兰科伊洛沃，向乌里茨克推进。

14日早晨，在进行短促而猛烈的炮火准备之后，步兵第10师与友邻兵团协同，在航空兵支援下，对德军实施迅猛的突击。经过激烈战斗，恢复了原防御态势，给德军以重大打击，迫使其放弃了索斯洛夫卡和芬兰科伊洛沃。

但是就在同一天，另一部德军进抵苏联民兵第5师占据的普尔科沃高地。在此之前，苏军已经将堑坡和火力点修筑完毕。可是，位于戈列洛沃车站地区的普尔科沃右翼阵地，已经于13日落入德军手中。民兵们冲进车站，企图在车站固守。可是，当天下午他们遭到德军机械化第41军的步兵师和坦克师的进攻，戈列洛沃车站再度落入敌手。一小时以后，第5师发动反击，又夺回了戈列洛沃。

当晚，苏军第42集团军司令员伊万诺夫中将由于担心普尔科沃的安全，带领一个团从被围的戈列洛沃车站奔赴鲁尔科沃高地，只留下一个团驻守戈列洛沃。该团团长克拉斯诺维多夫受伤，由政治委员斯米尔诺夫（原维堡区区委书记）代理团长。

列宁格勒南面的筑垒地带这时大多都被突破，冲在最前边的德军装甲部队已进抵离城市不到12公里的地方。9月15日，双方在乌里茨克的争夺更加激烈，许多阵地在短短的一天之中多次易手。德军明显感受到了苏军的强大压力。

晚上8时左右，德第18集团军在斯特列尔纳和乌里茨克之间突入芬兰湾，把苏军第8集团军与列宁格勒隔开，这样，苏军就只剩下第42和第55集团军守卫列宁格勒了。德军统帅部命令第18、第16集团军发动钳形攻势，拿出8个师对付第42集团军，拿出3个师对付第55集团军。德军统帅部已经创造了近距离围攻城市的必要条件。

▲ 一名德军军官正用望远镜观察列宁格勒战场情况。

　　在此危急关头，朱可夫精心拟订出一项加强该城防御的计划，以阻挡德军突击集团在乌里茨克和列宁格勒方向上的继续进攻。他的指导思想是使用空军和炮火突击打击德军，以阻止他们突破苏军防御。在9月18日以前，组建5个步兵旅和两个步兵师，为列宁格勒的近距离防御的四条防线配备兵力；使用第8集团军突击德军的侧翼和后方，并解放穆加和施吕塞尔堡。这项计划要求动员这个地区的一切人力物力，包括方面军部队、列宁格勒市民以及苏联海军，来加强预备队，扩大防御纵深。

　　在第42集团军的防区，朱可夫计划建立起一道防线，以此来阻止德军通过发动强攻夺取列宁格勒。他非常倚重海岸炮兵和波罗的海海军舰船的火力，因为随着战线缩小和越来越靠近海洋，它们将能发挥更大的威力。

　　在德军重新向第42集团军发动进攻的时候，朱可夫派自己的副手费久宁斯基将军前往该集团军司令部。司令部离前线非常近，子弹在头顶上呼啸而过。一走进掩蔽部，费久宁斯基就发现集团军司令员用两只胳膊支着头，一副疲惫不堪、一筹莫展的样子。

　　费久宁斯基问伊万诺夫将军，目前他的部队部署在何处。

　　"我不知道，"这位将军回答道，"我什么都不知道。"

　　"那么你同你的部队有联系吗？"费久宁斯基问。

　　"没有联系，今天的战斗打得很艰苦，在一些地段不得不向后退却，通信线路都被破坏了。"伊万诺夫几乎是心不在焉地回答。

—83—

▲被德军围攻的列宁格勒街道上，苏军士兵纷纷开往前线。

费久宁斯基向朱可夫报告了情况，得到的命令是要他亲自接管这个损失惨重的第42集团军的指挥权。

9月16日，为了防止德军通过乌里茨克向列宁格勒突破，朱可夫临时组织了2个民兵师，以及由水兵、防空军人员组成的2个步枪旅，火速增援第42集团军。这些部队布置在第42集团军防线之后，从芬兰湾沿岸经利戈沃、肉类联合加工厂、雷巴茨科一直到涅瓦河。朱可夫命令各部队未经方面军司令部特别批准，不得从这条防线后撤。就这样，他建立起一支强大的第二梯队，建立了有效的纵深防御。

但是，在德军强大的进攻下，第42集团军和临时组织的军队能否抵挡住德军，朱可夫心中对此也没底。这时已经到了十分危急的关头，朱可夫和高级将领们面临着巨大的压力。在紧张的气氛中，朱可夫显得态度生硬、烦躁，对军官特别是中高级军官则极为严厉，但对士兵们仍保持友好的态度。

工程处处长比切夫斯基上校满身泥水地走进朱可夫的办公室，朱可夫和日丹诺夫都在那里站着，俯身在看地图。朱可夫板着面孔说："你总算来了。我们找了你一夜都没找到，你到哪里鬼混去了？我猜你是睡大觉去了……"

比切夫斯基报告说："我在执行您的命令，检查环行路一带的防线和反坦克防御工事。"

"第42集团军司令员知道这一防线吧。"

比切夫斯基回答说："今天下午，我发了一张这条防线的地图给集团军参谋长别列津斯基将军。费久宁斯基将军到部队巡视去了。"

"我不是问你把地图交给了哪个办事员，我关心的是另一个问题：你知道集团军司令员是否知道这条防线？你懂俄国话吗？"

比切夫斯基脱口而出："费久宁斯基将军就在外面会客室里等着。"

朱可夫勃然大怒："你不告诉我，我也知道他在这里。你考虑到没有，如果安东诺夫的那个师（刚组建的民兵师）今夜不进入环形路这条防线，德国人就会突入城内。那时我就要像对待叛徒一样在冬宫前枪毙你。"

比切夫斯基愣住了，感到形势异常的严重，又不敢说不知道民兵师要在天亮前进入的命令，只好答道：

"司令员同志，请允许我现在和费久宁斯基一道去，我们将带领那个师进入准备好的防线。"

"你总算明白了，"朱可夫脸色缓和了，但语调还是那么刻薄，"快带他们到那里去，记住，如果9点前不把那个师部署好，我就枪毙你。"

当比切夫斯基走出朱可夫的办公室时，费久宁斯基正在客厅里面带微笑等着他："不要不高兴，工程处长，"费久宁斯基十分了解朱可夫的性格，他对满脸苦相的比切夫斯基说，"你还是幸运的哩。就是这位格奥尔基·康斯坦丁诺维奇，还说要把我们和军事委员一起绞死哩！我们已经决定你一来我们就走，我们决定等你一会儿，知道司令员不会让你在那里待多久的。"

然后，比切夫斯基和费久宁斯基一起奔赴民兵师。到了早晨，这个师已安全地进入防线。

第二梯队布置完毕后，前沿的形势依然恶化。斯鲁茨克和普希金区相继落入德军之手，随后，列宁格勒一条电车路线的终点亚历山大罗夫卡也失守了。德军突破到芬兰湾，离列宁格勒更近了，严重地威胁着这座城市。他们离市郊不到6.5公里，离规模很大的基洛夫工厂不到5公里。

同一天，德军部分装甲部队和摩托化部队开始调往中央集团军群。这时德军似乎已经胜利在望了。

当德军接近沃洛达尔斯克和乌里茨克时，细心的朱可夫发现进攻中的德军左翼延伸得很长，兵力松散，于是决定用第8集团军组成反突击集团。这个集团军被德军从列宁格勒城隔开，这时正好可以从敌人的侧翼实施反突击。朱可夫迅速把第10、第11、第125和第168步兵师以及民兵第3师集结起来。通过在内部调整部署，他建立起一支突击力量，同时重新编成了自己的预备队。

9月17日，德军6个师在北方集团军群空军联队支援下，企图从南面向列宁格勒突破。朱可夫命令继续进行反击，指示第8集团军司令员收复沃洛达尔斯克居民点，并向红村方向突击。第55集团军则受命把德军从斯卢茨克和普希金公园赶回去。第42集团军则要扩大在乌里茨克地区的战果，同时守住靠近天文台的普尔科沃阵地的中段。

然而，第42集团军未能守住乌里茨克，9月18日傍晚，该镇再次为德军所占领。双方继续进行着极其残酷的战斗。到9月23日，可以明显看出德军进攻普尔科沃这个方向的突击力量大大地减弱了，因为只有 20 辆坦克参加进攻。第 42 集团军成功地打退了敌人的继续进攻。

这样一来，德军企图在 9 月下旬通过乌里茨克或普尔科沃高地到达列宁格勒的计划终于破产。第 42 集团军在利戈沃、下科伊罗沃和普尔科沃一线巩固下来了。

德军进攻兵力至此已消耗大半，并且由于从列宁格勒地区调走了一些部队，进攻力进一步被削弱。

No.4 列宁格勒保卫战

德国腊斯登堡。茂密的森林深处坐落着一幢豪华的别墅，环境十分清幽、雅致。别墅周围戒备森严，布满了巡逻警卫人员。

这便是德国元首希特勒的"狼穴"——德军最高统帅部大本营。

当得知德军通过乌里茨克和普尔科夫高地攻入列宁格勒的计划彻底失败的消息时，希特勒气得简直要发疯。他懂得，时间不利于德国而有利于苏联，因为苏联可以争取时间来动员力量和制造新武器，而德国却将逐步失去优势。

再三考虑之后，希特勒决定将围攻列宁格勒的第 4 装甲集群调往莫斯科，北方集团军群不再对列宁格勒组织全线进攻，而采取空中优势兵力对重点地段进行重点进攻，同时巩固包围圈。希特勒对利布元帅发出指示，如果不能以武力取胜，就对城市进行封锁，让列宁格勒人忍饥挨饿，然后再摧毁该城。

8、9 月间，苏军在列宁格勒西南接近地上的防御作战持续了 50 天。他们的抵抗，打乱了德军从南、北两个方向进行正面突击以夺取列宁格勒的计划。

虽说红军把德军阻挡在列宁格勒郊外，但仍然面临着巨大的困难！

朱可夫面临的形势更加严峻了。他的军队不但要进行残酷的防御战斗，还要应付空袭、炮轰，而且还要应付更严重的饥饿。

9 月 18 日，哈尔德在他的日记中写道：

列宁格勒周围的包围圈还没有收得像人们可能希望的那样紧……考虑到我军在列宁格勒的严重消耗，而敌军又在那里集结了大量军队和大量兵器，所以直到饥饿发生作用以前，局势仍将是困难的。

在德军的攻势开始失去势头的时候，朱可夫把一些新的师、旅和营（这些部队是由水

▲苏军第42集团军的士兵守卫在阵地上准备迎击德军。

兵、防空部队、内卫部队和预备役人员仓促编成的）投入到赤卫队城和斯卢茨克－科尔平诺筑垒地域。朱可夫还从战线上不那么紧张的地段抽出一些部队，部署到遭到威胁的地段，以加强第一梯队并建立起纵深防御。

列宁格勒方面军在打退德军进攻的过程中，得到了波罗的海红旗舰队的巨大支援。舰队航空兵同列宁格勒方面军空军配合行动，在战场上对集结地域的德军进行轰炸，并有效地扼制了德军的空袭，从而保护了苏军。靠近芬兰湾的前线各防御地段的第8和第42集团军得到海岸炮和舰炮的支援，以炮火反准备等方式展开了对德军炮兵的作战。在赤卫队城筑垒地域和沿海桥头堡使用了舰炮，从而弥补了机动炮兵的不足。

在朱可夫负责保卫列宁格勒的那段期间，希特勒对他早些时候作出的决定——必须把这座城市"从地球表面抹掉"——进一步具体化。9月22日，德国海军司令部发布了"关于彼得堡市的前途"的元首秘密指令，决定通过封锁、连续空袭和炮击，把列宁格勒夷为平地，如对方要求投降，将予以拒绝。

一向视希特勒为"神明"的德军开始不折不扣地实施这一计划，连续不断地对列宁格勒进行炮击和空中轰炸。9月份，德军进行了23次大规模空袭，而且大多都是在白天进行的。9月19日和27日的轰炸显得更加猛烈，分别出动了180架和200架飞机，列宁格勒上空火光冲天。

据统计，从 9 月 21 日到 23 日，德军指挥部共出动 400 架轰炸机进行大规模的空袭，其目标是要摧毁喀琅施塔得要塞，消灭驻扎在那里的波罗的海红旗舰队的主力。

列宁格勒的保卫者们顶住了德军的空袭，但却面临着极其困难的局面：给养严重缺乏。由于处在德军连续不断的炮火和空中轰炸之下，为这座城市输送给养的唯一动脉——经由拉多加湖的交通线，遭到部分破坏，只能部分满足被围部队和居民们的需要。

尽管面临的问题很多，但是目前，朱可夫把他的主要精力用来拟订列宁格勒外围防御准备工程的详细计划，并监督计划的实施。因为这关系到列宁格勒的生死存亡。

在朱可夫的领导下，部队官兵和列宁格勒居民同仇敌忾，并肩协力，在城南、东南及北部接近地上建立起周密的防区，包括主要防御地带、次要防御地带以及一系列堑壕阵地和筑垒地域。在第 23、第 42、第 55 集团军和涅瓦河院役集群负责防御的地段，以及最靠近城市的地区，都修筑了大量工事，这些工事对于保卫列宁格勒具有极重大的意义。

朱可夫将防坦克阵地分布在整个防御纵深内。到 1941 年 11 月，在第 42 集团军的防区内，已设置了 41 个防坦克阵地区域。为了确保坦克的效能，朱可夫配置了若干门防坦克炮担任掩护，其平均密度是每公里正面拥有 20 门炮。

为了加强防御，朱可夫把全城分为 6 个防御地段。每个地段都建立了以营防御区为基础的坚强阵地。在这些地段内共建立了 99 个营防御区。朱可夫还强调必须在全城设置路障，并命令在路障前面挖掘防坦克壕。

为了完成这些建筑任务，平均每天有 4,500 人参加工事的修筑，主要是由妇女来完成，因为成年男子都到部队当兵去了。

在国难当头之际，这些妇女们挺身而出，表现出了英勇无畏的气概、吃苦耐劳的品质，承受了超出常人所能想像的困苦！

她们每天的工作都十分辛苦，而这些都是以前从来没有干过的，精神与体力上的双重消耗是需要坚强的意志来支撑的。与此形成对比的是，她们的生活极其艰难。按照规定，参加干活的妇女每人只配给 14 盎司面包，儿童、病人及政府公务员每天只配给 7 盎司。

在残酷战争这一非常时期，苏联的妇女们所做出的贡献与牺牲，是十分巨大的，而且是后人难以真正了解的。她们理应受到尊重，不能让尘埃湮没这一段历史！

朱可夫不仅注重陆地防御，而且对空防建设也抓得很紧，因为他深知德军空袭的危害性。当时，希特勒已经把空降兵调到列宁格勒。为了保卫城市不受空降兵的攻击，朱可夫组织了对空降兵的有效防御：主要是把工人民兵小组、军事化的消防小组以及共青团支队组织起来，把防空武器都分布在城市的接近地；有的炮兵部队甚至部署在芬兰湾里的平底船上。

▶ 在列宁格勒基洛夫钢铁厂前整装待发的苏军士兵。

为了迷惑德军的轰炸机，给其行动造成障碍，朱可夫还在列宁格勒上空放置了阻塞气球。

与此同时，朱可夫还做了最坏的打算，就是德军突入列宁格勒城后的应变措施，即在工厂、桥梁和公共建筑物内部安放地雷。一旦德军突入城内，就把这些建筑物连同敌人一起炸掉。朱可夫还给居民发放了武器弹药，届时将组织老百姓展开巷战，从住宅建筑物里打击敌人。

由于朱可夫和他的司令部人员的成功组织，在市民们中间做了大量的组织工作，实际上已让这座城市变成了一座坚不可摧的堡垒，使它能够迎接各种险恶情况的挑战。

朱可夫的以上努力，终于收到了良好的效果。

在朱可夫的指挥下，红军在如此困难的情况下英勇作战，一次又一次地把德军击退到他们的出发阵地。到9月底，由于遇到苏联军队的顽强抵抗和有效防御，德军的进攻力量逐渐衰竭，被迫挖掘工事来据守包围圈，朱可夫率军稳住了列宁格勒南部接近地的战线。

朱可夫指挥西北方面军打退了德军迂回普儿科沃高地的进攻后，正全神贯注地分析着德国利布将军下一步还会玩什么新的花招。忽然，方面军侦察处处长叶夫斯季格涅耶夫推门走了进来。

叶夫斯季格涅耶夫看到朱可夫的眼睛一直没有离开地图，看起来没有要与自己打招呼的意思。他不由得犹豫了一下，似乎想说什么，又怕打断了司令员的思考，站了一会儿，轻轻地走到朱可夫身旁说：

"司令员同志，有个情报我认为很重要，必须现在报告。"

朱可夫仍然盯着地图，从嘴里迸出一个字："讲。"

"据我们的侦察小组报告，德军两支坦克部队，昨天夜里隐蔽撤出阵地，沿姆加至莫斯科铁路线，向莫斯科方向开去。"

当侦察处长开始说的时候，朱可夫俯身在地图上似乎没在听，但讲到"隐蔽撤出阵地"，朱可夫身子虽没动，可眼睛一转，目光已离开了地图，看着桌沿，显然他对这个消息很感兴趣。最后一句话刚说完，朱可夫"呼"地一转头，同时挺直了身体，目光咄咄逼人，语气更加严厉：

"什么？这不可能！利布正准备对我们发起新的进攻，怎么会调走部队？！你们是不是听信了间谍分子的谣言？要不就是你手下的人中有帮着德国人干活的！这可能是利布的新花招，想麻痹我们，你知道吗？！"

叶夫斯季格涅耶夫深知朱可夫的脾气，但也忍不住要申辩几句，刚说了一句，被朱可夫手一挥喝住了：

"行了，现在不是申辩的时候，赶快再去侦察，核实了再来告诉我，否则，我送你上军事法庭！"

叶夫斯季格涅耶夫迟疑了一下，脾气暴躁的朱可夫一拳砸在桌子上："快去！磨蹭什么！"

过了一段时间，当叶夫斯季格涅耶夫再次来向朱可夫报告情况属实的时候，朱可夫已经不看地图了。只见他坐在办公桌后，把双脚交叉着一搭，放在桌面上，将军帽遮住了眼睛，好像睡着了似的。

门一响，没等侦察处长开口，朱可夫先问道："核对了？属实？"

"属实。"叶夫斯季格涅耶夫毫不犹豫、十分肯定地回答。

"那就是说，利布这个老家伙，"说着，朱可夫摔开帽子，一跃而起，"已经没有力量再发动进攻了！可是，他们去了莫斯科，这可不是好兆头。"

说着，朱可夫"嗵嗵嗵"几个大步走到门口，侦察处长知道他要去向莫斯科报告。

朱可夫的分析没有错，希特勒正在命令他的军队执行"巴巴罗萨"计划的最后一步——进攻莫斯科！

第四章

"台风"来袭

　　希特勒决定实施"中间突破",制订了代号为"台风"的战役计划。希特勒狂妄叫嚣:"我们下一个进攻的目标就是莫斯科!莫斯科将在冬季到来之前被毁灭,完全从地球上抹掉!"莫斯科是苏联的首都,是全国的政治、经济、文化、交通中心,具有极为重要的战略地位。古德里安的装甲部队越来越逼近莫斯科。维亚济马告急,莫斯科地区形势已经到了万分危急的时刻!

No.1 "抹掉"莫斯科

1941 年 9 月 21 日午餐时分，德国腊斯登堡。

希特勒在自己的"狼穴"———德军最高统帅部大本营里，将自己的部属召集起来，准备宣布一个令人惊喜的消息：基辅已经被攻陷！

盛满冰块的银质小桶里放满了一瓶瓶法国香槟酒，侍者们把夹有鱼子酱、火腿和鲜鱼的面包分放到盘中……酒杯里斟满烈性酒、白兰地、罗姆酒、威士忌、杜松子酒和甜酒，混酒器里是光彩夺目、五颜六色的鸡尾酒。德国由于对欧洲的劫掠，正处于"饮甘餐肥"的时代……

希特勒满面红光，说话的声音似乎也比平时温柔了许多。在餐桌旁发表了他著名的"室内演说"。

希特勒的声音在室内回旋："6 月 22 日早晨，世界上最大的一次战役开始了。一切都按计划发展，我们在北翼围困了列宁格勒，在南翼占领了基辅，在中央攻占了斯摩棱斯克，通往莫斯科的门户已经被我们打开了。敌人已被打倒，再也爬不起来了！"

"万岁！万岁！"席间突然爆发出一阵疯狂的欢呼声。

接着，希特勒又向众人列举了一连串数字：俘获苏军 250 万，击毁或缴获大炮 2.2 万门，坦克 1.8 万辆，消灭苏机 1.45 万架。

"将军先生们！生活，就是斗争。战争，就是进行一场自然淘汰，在地球上消灭所有发育不全的劣等民族！只有我们德国人，才有权利获得生存空间。我们最终将享受到世界宴席上的一切美妙食品！"

突然，希特勒用手猛一拍桌子，"砰"的一声，力量之大使桌上的酒杯颤动起来。

"已经决定，我们下一个进攻的目标就是莫斯科！莫斯科将在冬季到来之前被毁灭，完全从地球上抹掉！"

说完，希特勒的手在空中用力地一挥。

在座的帝国军官们不失时机地全体起立，端起酒杯。顿时，室内响起一片杯盏的碰撞声、笑声……

从北、中、南三路进攻，拿下列宁格勒、莫斯科和基辅，是希特勒发动侵苏战争时既定的战略目标。在北路重兵集团对列宁格勒久攻不下的情况下，他决定实施"中间突破"，把所能抽调出的部队全部用于莫斯科方向，以攻占苏联首都莫斯科及围歼其附近的苏军。

9 月 30 日，希特勒亲手签订了进攻莫斯科的军事行动计划，代号为"台风"。

按照一般辞典的解释，"台风"一词系指：在东南亚和太平洋西部一种具有很大破坏力的飓风。台风激起的可怕的恶风巨浪，一旦到达海岸后，有时会毁坏整座城市，夺走成千上万人的生命。

显而易见，"台风"计划的炮制者们正是把 1941 年最后一个战役想像成这样的能够消灭苏联武装部队任何抵抗的飓风。

然而，希特勒在给这一战役起了个如此具有倾向性的代号时，当然没有想到去查阅一下百科全书，殊不知那后面还有一句话："台风登陆后，会很快停息下来。"

早在德军向莫斯科发起"台风"战役之前，莫斯科的一切活动就与战争紧紧地维系在一起。在苏共中央各部的办公室里，在莫斯科市委和州委的办公室里，到处都弥漫着前所未有的紧张气氛。

▲希特勒两眼放光，情绪激昂地进行煽动性演讲。

莫斯科是苏联的首都，也是苏联最大的城市和全国的政治、经济、军事、文化、交通中心。莫斯科的战略意义，对于苏军统帅部的人来说，自然再清楚不过了。

莫斯科位于东欧平原的中部，莫斯科河两岸，同伏尔加河有运河连接，战略地位极为重要。

公元 1147 年，莫斯科首次见于史册。它最初只是一个小小的村庄。1156 年修筑城堡。1237～1238 年遭到蒙古人破坏。1480 年，莫斯科人摆脱了蒙古人的枷锁。自 13 世纪下半叶，它成为独立的莫斯科公国的中心。约在 14 世纪中叶，莫斯科公国又扩大为莫斯科大公国。1547 年，伊凡取得了沙皇的称号，从这时起，一直到 1711 年，莫斯科成为不断向外扩张的沙俄首都。1711 年，彼得一世将首都迁往圣彼得堡（即列宁格勒），此后的莫斯科依然是重要的城市，沙皇每年总有一部分时间在莫斯科度过。1812 年，拿破仑占领莫斯科并纵火焚烧。名将库图佐夫率领的俄国军队和人民一起打败了拿破仑侵略军，迫使他们仓皇撤退。十月革命后，苏联政府于 1918 年 3 月 10 日将首都迁入莫斯科。

十月革命后，莫斯科的建设有了巨大的发展。它不仅是全苏铁路、公路和航空运输的中心，而且在水路运输上也占有重要地位，自伏尔加河－顿河列宁运河建成后，莫斯科成为五海（波罗的海、白海、黑海、亚速海和里海）通航的港口。在经济方面，莫斯科成苏联最大的工业城市，占全国工业产值的 15%。它的工业发展比较全面，几乎每种制造业都有，而尤其以生产复杂和精密的机器制造业著称。

现在，法西斯暴徒逼向莫斯科，莫斯科将接受严峻的考验。

No.2 "台风"直扑莫斯科

希特勒之所以要一意孤行实施"台风"计划，最大企图是想在维亚济马－莫斯科方向和布良斯克－莫斯科方向消灭苏军，然后从南、北、西三面迂回莫斯科，在尽可能短的时间内将其占领。

为达到这一目的，1941 年 10 月上旬，德军集中了 100 多万人，1,700 多辆坦克和 19,000 门大炮，在强大的空军第 2 航空群的掩护下，准备对莫斯科实行猛烈的进攻。

斯大林得知此情况后，急忙调兵遣将，准备迎击德军。斯大林准备了西方、预备队和布良斯克三个方面军以迎击德军、保卫莫斯科，共 80 万人、770 辆坦克及 9,150 门火炮，不包括补充部队和后方勤务部队。其中，兵力和兵器最多的是西方方面军。

西方方面军编成内有 6 个加强集团军和方面军预备队，守卫着从谢利格尔湖到叶尔尼亚这段防线，它的任务是阻止德军沿这个主要方向，向莫斯科突破。

预备队方面军以其第 31、第 32、第 33 和第 49 集团军在西方方面军后方沿奥斯塔什科夫－谢利日阿罗沃－奥列尼诺－斯帕斯捷门斯克和基洛夫一线占领防御。这 4 个集团军作为后备，用来打退任何突破西方方面军防御队形的德军，因而构成了苏军防御的第二战役梯队。这个方面军还有两个集团军，即第 24 和第 43 集团军，部署在西方方面军防区从叶尔尼亚到弗罗洛夫卡的防线上。

布良斯克方面军编成内有三个集团军和一个战役集群，守卫着杰斯纳河东岸从弗罗洛夫卡到普蒂夫尔的地段，任务是阻止德军向布良斯克－奥廖尔方向突破。

莫斯科市和莫斯科州共产党领导者的办公室里，一切显得井然有序。

在办公室的一角摆着一张巨大的橡木桌子，旁边坐着一个戴眼镜的人，身穿没有佩带军衔的军服。

这个人的外貌看起来很普通，圆脸庞，大脑袋，头发不太浓密，厚厚的嘴唇上是一个上翘的大鼻子，下颏深陷到军衣领中，加上那闪光的镜片后面透过来的安详的目光，使得这个神情专注的人显得格外的善良。

他就是莫斯科市委书记亚历山大·谢尔盖耶维奇·谢尔巴科夫。

▲进攻途中的德军装甲部队遭遇到苏军的顽强抵抗。

"嘟……"一阵清脆的电话铃声响起。

谢尔巴科夫拿起话筒："我是谢尔巴科夫。"

"你好，谢尔巴科夫同志。"话筒里传来低沉而熟悉的声音。

"你好！斯大林同志！"谢尔巴科夫听到这熟悉的声音，顿时肃然起敬。

"有个问题一直使我不安。我们的轰炸机误入莫斯科上空，上帝保佑，高射炮兵没有击落一架飞机……但为什么没击落呢？……他们会射击吗？"

"我们的轰炸机在射击区内只呆了一小会儿。"谢尔巴科夫解释说。

"但是，你要知道，向莫斯科扔炸弹是不需要很多时间的。重要的是敌机已经飞临莫斯科上空了。"

"斯大林同志，我向您检讨，我是有责任的，我马上查明情况……"

"好了,德寇对莫斯科的昼间空袭一天紧似一天,你作为莫斯科军区军事委员会的一员,必须随时对空袭做好准备。"

说完，只听"咔啦"一声，对方把电话放下了。

谢尔巴科夫的背后，挂着一张大幅莫斯科市区图，上面标注清晰，各市区涂得五颜六色。长会议桌的左上方，挂着一张占满墙壁的莫斯科州地图，也是五颜六色的，首都的四周是一些城镇村庄。在色彩斑驳的地图上，标示出工厂企业。

谢尔巴科夫默默地独自在办公室伏案办公，从他平静的外表是无论如何也看不出他的内心里燃着一团火。

可别小看了墙上挂着的这些地图，因为上面所标注的一切倾注了谢尔巴科夫无数个日日夜夜的心血。这张图表多少次被摊开在桌上，又有多少次被从桌上拖到了地板上，那上面标注着莫斯科防区的各条防线……

从前线传到苏联情报局的大量战报，使得谢尔巴科夫比在莫斯科的任何人都更懂得这场军事搏斗对于苏联来说是何等的严酷。德国法西斯侵略者正一步步地向苏联首都逼近，每一个俄罗斯人的灵魂深处都受到极大的震撼。

然而，令他欣慰的是，莫斯科党委还没有发出号召，就在战争爆发后的第二天，首都和州的几十家 z 战前根本不是军工厂的工人们就开始自觉地转入生产迫击炮、自动步枪、炸弹和炮弹，汽车制造厂则大力生产越野汽车、救护车、火炮的部件和铸件以及雷管；有一百多家工厂生产什帕金系列冲锋枪，这种冲锋枪后来被前线称为"佩佩沙"；成千上万的家庭主妇、女学生纷纷主动涌入工厂投入生产……

谢尔巴科夫还得知，正在前线的丘马科夫将军的家属向银行捐献了贵重的祖传珍宝，还希望隐匿姓名，但终于还是被电台记者道出了事情的真相。后来，他又得知以丘马科夫一家为榜样的家庭还有成千上万。许多人索性把金银首饰、钱或公债券装入信封投进邮筒里。另外，还有些人捐献汽车、摩托车、自行车、打字机、缝纫机……

一连串的数字使谢尔巴科夫陷入沉思：由于战争，莫斯科人口已锐减一半，但却向国防基金会捐助了 1.42 多亿卢布现款，1,500 克白金，约 8,000 克黄金，半吨白银……

谢尔巴科夫还从通讯社的报道中得知，由自己署名的送交党中央关于市委决定建立首都志愿民兵部队的建议被批准后，拥有几百万人口的莫斯科没有一个应征者不去或者迟去征召站报到，而且还有成千上万不在征召之列的人也前去报到……

想到这些，谢尔巴科夫更加懂得：莫斯科保卫战将是一场全民的战争……

"当……"一阵清脆的钟声响起，惊醒了正在沉思中的谢尔巴科夫。他猛地一抬头，看了一眼在办公室的一角立着的一架带玻璃罩的大钟。

钟声提醒他，去莫斯科防空区防空指挥部检查工作的时间到了……

No.3 形势万分紧迫

由于德军的进攻非常突然与迅速，导致德军这次代号为"台风"的攻势在 10 月初取得较大进展。苏军遭到了重大损失，局势十分严重！

德军的进攻十分锐利。在莫斯科正面维亚济马方向，苏军虽然集结了主要兵力，但是，德军强大的坦克第 3、第 4 集群分别从罗斯拉夫尔和杜霍夫希纳对苏军防御纵深实施突破，避开了苏军主力。苏军虽顽强抗击，仍未能守住精心组织的维亚济马防线。战斗第一天，德军就楔入苏军防线 15 ~ 30 公里。

亚尔采沃郊外，夜色中弥漫着秋天特有的气味，寒意袭上了每个人的身上，让人禁不住裹紧了衣服。

在亚尔采沃至维亚济马之间的森林深处，有一株枝繁叶茂的老枞树。苏联第 16 集团军司令部的观察哨的平台就架设在这棵树顶上，这里有一架炮镜。

罗科索夫斯基不时地透过炮镜瞭望。向右看，是通往维亚济马的黑色铁路路基，越过铁路再往前看，则是渺无人迹的公路，它像一条长长的灰色带子，又像一条静止不动的河流。

突然，他听到了"隆隆"的坦克声，透过炮镜，他看到寂静的公路上突然尘土飞扬，被尘土包围的坦克喷着灰黑的浓烟，快速向前推进。

顿时，罗科索夫斯基感到有一股忽强忽弱的气流迎面吹来。树梢在颤抖，观察哨脚下的木板在嘎嘎作响。罗科索夫斯基将军紧锁双眉，握紧了拳头。他知道一场坚守维亚济马防线的战斗开始了。

从 10 月 2 日拂晓起，德军第 9 和第 4 集团军分别以第 3 和第 4 装甲集群在杜霍希纳和罗斯拉夫利方向实施猛烈进攻。他们来势汹汹，就像一股旋风一样横扫而来。

10 月 2 日，德军对驻守在亚尔采沃郊区的苏军第 16 集团阵地进行了猛烈的炮击。在第 16 集团军的地段上，他们遇到了意外：苏第 16 集团军实施了预先计划好的炮火反击。当德军步兵和坦克发起冲击时，集团军所有炮兵，其中包括 1 个"喀秋莎"火箭炮团的强大而组织良好的炮火倾泻到了他们的头上。步兵则用步枪和机枪火力阻击敌人。在第 16 集团军的地段上，德军未能向前推进。

10 月 3 日，德军对第 16 集团军阵地再次进行了猛烈的炮击，然而并没有恢复进攻。此后，战争似乎在这里骤然松弛了下来，周围的一切似乎都静止了。

傍晚时分，第 16 集团军司令部里响起了急促的电话声。

"喂，罗科索夫斯基将军吗？我是卢金，德国人正在向我右翼压过来，同第 30 集团军的联络中断……"第 19 集团军司令卢金在电话里高声说道。

▲联共（布）中央委员会书记，莫斯科地区及城市委员会书记谢尔巴科夫。

"我能帮你什么忙吗？"罗科索夫斯基问。

"请您务必给一两个师！"

"等一等，我们马上商量一下。"几分钟之后，罗科索夫斯基回到电话机旁说："我们给你两个步兵师，1个坦克旅和1个炮兵团。再多可没有了。"

"谢谢，谢谢！"卢金高兴地说。

从卢金将军迫不及待的语气里，罗科索夫斯基将军已经感到令人不安的情况出现在其右邻第19集团军的地域。

的确，第19集团军的处境非常困难。希特勒军队12个满员师突击在45公里的地段上，压在了第19集团军右翼两个人数不多的师和友邻第30集团军的两个师身上。在这里，德军占有巨大优势：人员为对方的5～6倍，坦克几乎为10倍，大炮和飞机同样为9～10倍。掌握有如此巨大优势兵力的法西斯德军很快便在第30集团军和第19集团军的接合部上打开了一个30～40公里宽的缺口，随后，各快速兵团由这个缺口从东北迂回苏军，急速地向维亚济马冲去。

同样，在南面，在罗斯拉夫利－尤赫诺夫方向上，情况也是非常危急。在那里，预备队方面军的第43集团军没有能阻止具有如此巨大优势兵力的希特勒第4野战集团军和第4坦克集群的冲击。突破苏军防御的德军从东南迂回苏军，急速地向维亚济马冲去……

几个苏联集团军面临着被合围的威胁。

然而，罗科索夫斯基并不知道这一切。因为在第16集团军正面和其左邻第20集团军一样，从10月3日到4日都是比较平静的。

10月5日下午，罗科索夫斯基意外地收到来自西方方面军首长的命令，命令他把部队移交给第20集团军司令，而让他带领司令部一起迅速赶往维亚济马地域，组织对德军的反突击。这个命令不能不让罗科索夫斯基及其战友们感到忧心忡忡。

"与卢金联系不上。显然，卢金那里的情况很糟糕。南面出了什么事，为什么应当在南面组织反突击？"这个问题在折磨着第16集团军司令。

深夜，第20集团军司令叶尔沙科夫中将和政委谢苗诺夫斯基同一批司令部工作人员来接收部队。

临近清晨，一切准备就绪。罗科索夫斯基率领着第16集团军司令部人员乘车上路，前往维亚济马。

用无线电同方面军司令部取得联系的企图始终没有成功,一路上集团军司令沉默不语。他怎么也揣摩不透究竟是怎么回事。他猜到一定是发生了令人担心的可怕事情,但是到底发生了什么事情呢?

正当罗科索夫斯基的司令部开赴新的目的地的时候,德国的坦克正从南北两面急忙奔向维亚济马,以便封闭内合围圈。在维亚济马以西和西南的森林里,他们合围了苏联第16、19、20、24和第32集团军各部队。

在南面布良斯克,古德里安的坦克部队进展神速。从9月30日进攻开始,不到3天就占领了布良斯克战线后面200公里的奥廖尔,切断了布良斯克-奥廖尔公路,一举占领卡拉切夫,紧接着又向布良斯克迂回包抄。到10月6日,布良斯克已经被德军攻占。古德里安的第2坦克集群同从西面打来的第2军团会合。苏军的第3和第13两个集团军均被包围。

与此同时,希特勒却好像看到了胜利在向他招手,一直处于极度狂喜的亢奋状态。乘专列从前线返回柏林的第二天,他就登上了柏林体育场的讲坛,准备向全体德国民众做一次激情演讲。

希特勒身穿深绿色军便服,袖子上佩带着镶有彩色花边的黑红袖章,胸前带着一个一闪一闪的铁十字章。

"10月2日早晨,"通过大喇叭,希特勒的声音传遍了帝国全境,"今年最后的、最大的战役开始了。一切都按计划发展。"

这时,听众中爆发出疯狂的欢呼声。

接着,希特勒郑重而又意味深长地说:

"这几个钟头之内,在我们的东方战场上又在发生巨大的事件。一个大规模的新战役已经进行了48个小时!这一战役将能够消灭东方的敌人。"

随后,场下又是一阵阵狂热的喊叫,希特勒猛地甩了一下头,以加强语气,继续说道:

"今天我宣布,我毫无保留地宣布,东方的敌人已被打垮,再也不能站起来了!"

希特勒晃动着拳头,一撮头发滑了下来。

"万岁!希特勒!"元首的崇拜者们高喊着,欣喜若狂。在他们看来,几个世纪以来的梦想正在变为现实,在东方将很快出现一个新的帝国。

在罗斯拉夫尔进攻的德军沿华沙公路突入,10月4日至5日攻占斯帕斯捷缅斯克、尤赫诺夫地域,从南面向维亚济马集团迂回。随后,实施包围的德军坦克第3、第4集团军群先头部队在维亚济马以东会师,封闭了包围圈。

西方方向的情况极端严重,德军有可能闯入莫斯科。

在布良斯克方向，德军坦克第 2 集群（10 月 6 日改称坦克第 2 集团军）在夺取奥廖尔后，沿公路向莫斯科的南部重镇图拉疾进。

对待在"狼穴"等候好消息的希特勒来说，这是振奋人心的新胜利。10 月 7 日那一天，也就是德军收拢合围圈的那一天，希特勒连饭也没有吃，立即以最高统帅的名义签署了一项命令，不准"中央"集团军群司令博克接受莫斯科投降，主动投降也不予接受。德国部队也不要进入莫斯科，只对其实施包围，然后用炮击和轰炸予以毁灭。

德国最高统帅部指挥参谋部参谋长约德尔将军被眼前的胜利陶醉了。他喋喋不休地说："毫不夸张地说，我们已经最终赢得战争。"

法西斯报刊《人民观察家报》更是迫不及待，公布了一幅莫斯科州大地图，声言"第三帝国"每一个忠实的臣民现在可以每天早晨用铅笔亲手标出，到莫斯科还剩下多少公里。

德国新闻发布官奥托·狄特里希则宣布："从一切军事意义上讲，苏俄已经完蛋了。英国的两线作战的梦想已经破灭。"

德国陆军军需总监爱德华·瓦格纳将军不失时机地吹捧、奉承自己的主子。他大言不惭、想入非非地叫嚣道：

"现在我们的大军如潮水般滚滚向前，直奔莫斯科。给我们的印象是俄国最后垮台就在跟前，今晚克里姆林宫就要卷起行李走路了。现在重要的是装甲兵攻占各自目标。战略目标就要确定下来啦，那会使你目瞪口呆的——莫斯科东边！我想，到那时战争就会结束，他们的整个制度也许随之垮台，从而我们就可以同英国作战了。我总是对元首的军事判断力惊叹不已。这次又是他进行了干预——而且人人都承认，他的干预在军事行动中，起了决定性作用，迄今为止，每次都是他对了。南方的重大胜利应归功于他一人。"

此时，莫斯科的氛围越来越紧张。在低低的云层包围下，苏联的心脏——克里姆林宫显得凝重巍峨，格外醒目。

斯大林站在高高的拱形窗前，忧心忡忡。他上身穿一件深灰色的翻领上衣，下穿一条黑色的马裤，脚上则是一双擦得锃亮的马靴，显得格外冷峻与威严。他双眉紧锁，细长的眼睑微合着。

莫斯科的形势太严峻了！德军坦克兵团和机械化兵团使苏军陷入包围之中，德国的飞机不时在莫斯科上空轰炸，隆隆的爆炸声时不时传入耳际，德军的大炮也很快能打到克里姆林宫了。

想到这里，斯大林的心就如同火烧一样难受。"有没有什么办法来摆脱困境、扭转局势呢？"斯大林不禁陷入了深思。

CHAPTER FIVE

第五章

全民总动员

　　莫斯科会战关系到苏联的生死存亡。莫斯科全副武装，准备迎击敌人。在抗击敌机袭击莫斯科的过程中，涌现出了大量战斗英雄，尤马舍夫等飞行员为此受到苏联政府的嘉奖。在严寒的天气下，几十万莫斯科人民动员起来，参加构筑首都周围的防线，终于在莫斯科附近的战线上和城内建成了一个防御体系，包括防坦克障碍物、地雷区、防步兵障碍物等。

No.1 绝不放走敌机

德军空袭期间，莫斯科最高统帅部办公室。

莫斯科防空区司令员格罗马金少将正在向斯大林和国防委员会其他委员、政治局委员们陈述关于改进莫斯科防空区防空措施的汇报。

"几天来，我们仔细研究了各防空部门的详细战况，从中也发现了一些问题。比如，各军兵种间的协同考虑欠周全，在实践中也没有完全配合默契。探照灯部队在莫斯科周围设置的环形照射区，也并不十分理想。城市从空中鸟瞰简直像一个大弹坑，很容易被发现。往往有 15 至 20 个探照灯追逐一架德国轰炸机，以致有些飞机乘虚而入，未被觉察。高射炮和机枪有时向高不可及的目标射击，白白浪费弹药，有些歼击机飞行员在待机空域滞留时间过长，而且不善于寻找敌机……总之，这些问题都是防空部队各级司令部需要认真考虑的。"

斯大林全神贯注地听着格罗马金将军的汇报，不停地抽着烟。突然，他轻轻地在桌上磕了一下烟斗，目光直视格罗马金。

"将军同志刚刚提出的一些改进措施很好。在这里，我想提一点我自己的看法。我认为，高射炮阻拦火力，这毕竟是消极防御形式。炮弹消耗也太多。我们应当算一算，我们的工业是否承受得了这种负担。因此，必须让我们的学者们找到更有效、更经济的形成阻挡弹幕的方法，以便少放空炮。格罗马金同志，您把这件事办一下。"

"是，斯大林同志。"将军回答。

就在格罗马金少将与斯大林的目光相撞的一刹那，他猛然发现几天不见，斯大林的眼眶下面明显地布满了皱纹。他确实是太操劳了。

同时，斯大林也发现格罗马金将军苍白的脸上带着几分倦容，他那一头剪得短短的头发中间突然有了不易让人察觉的银丝……

"格罗马金同志，"斯大林说话的声调突然变得非常坚决，"我已签署了给予将军同志以战功卓著奖励的命令，但我同时也必须下另一个命令，这就是你必须要注意休息。"

最后，斯大林重重地拍了拍格罗马金将军的肩膀，认真地说："要记住，斯大林不习惯于他的命令得不到执行……"

格罗马金少将在接受了政府授予他的嘉奖的同时，也把另一批嘉奖名单送到克里姆林宫。他们是在第一次莫斯科反空袭战中有功的歼击机飞行员。他们中间有：莫斯科防空夜航歼击机独立大队队长尤马舍夫上校、试飞员马尔克·加莱……

提起苏联英雄尤马舍夫，苏联人民并不陌生。此人早在 1937 年就曾因参加莫斯科－

北极－美国远距离不着陆飞行而扬名于世。马尔克·加莱则是一位名不见经传的试飞员。而就是这样一位小人物却在保卫首都的空战中创造了惊人的战绩。

马尔克·加莱庆幸自己走了好运，作为苏联英雄尤马舍夫上校指挥的歼击机独立大队的一名年轻的试飞员参加了保卫首都的第一次反空袭战斗。可是也有一件事他没有想到，大队的任务是

▲斯大林正与苏联英雄尤马舍夫握手。

夜间行动。他夜间倒是飞行过，但那是在地面没有灯火管制的情况下。不过岂止是他一个人，这个大队的所有机组都是第一次投入夜战。

一天夜晚，当他像值班小队的其他飞行员一样，躺在飞机旁边的蒙布上打个盹儿时，一声号令把他们惊醒："一级战备！"

这时，从莫斯科方向隐约传来了工厂的汽笛声，警报器的号叫声。马尔克这时才真正感到马上就要投入真正的战斗了。顿时，他的心不住地突突突地狂跳起来，毕竟这是第一次参加战斗。

"马尔克，准备起飞！"尤马舍夫上校的头伸进马尔克的座舱，"高度3,000至3,500米，方向莫斯科中心，当心系留的阻塞气球。必须发现敌人，攻击它，消灭它！"

尤马舍夫的语调变得非常严肃。

一声令下，马尔克·加莱驾驶着米格式飞机迅速地滑向跑道，冲向天空，向莫斯科方向飞去……

从飞机上往下俯瞰，马尔克看到的是火光冲天的莫斯科。顿时，马尔克·加莱感到心如刀绞。他全力握紧驾驶杆，随之加大油门。他已把生死置之度外，心里产生了一种超人的勇气……

在几个探照灯交叉照射的光线中，马尔克·加莱突然发现一个闪亮的小点。马尔克目不转睛地盯着这个目标，渐渐地，闪亮的小点明显变大，现出轰炸机的轮廓。

突然，马尔克看清了这架飞机机翼上带着法西斯特有的标志。"是道尼尔！"马尔克认出了德国轰炸机。

▲被德国人称为"黑色死亡"的拉-2型苏联攻击机正对德军目标发动攻击。

"决不能放走敌机！"马尔克心中只有一个信念。"500米、400米……"

靠近些再打……马尔克心里默念着，眼睛紧紧靠近瞄准器。

离敌机越来越近，"哒哒哒……"马尔克按动了机枪，正打在敌轰炸机的中部，好像把敌机穿了几个孔。

突然，有两串发光的子弹向马尔克飞来，这是从"道尼尔"机舱中发射而来的，马尔克猛一转机，子弹从旁边一掠而过……

转向一边，马尔克再次射击。这次是从下面用机枪打驾驶员座舱，然后再打右发动机。突然，又飞来一串发光的子弹，但他又一次躲闪开了……

经过几番迂回，"道尼尔"的子弹打光了。马尔克抓住机会，开始向"道尼尔"迎面射击。这时，地面防空部队从发射到空中的探照灯光中，看到一架带有法西斯标记的飞机在东冲西突。于是，一连串发光的弹迹向这架飞机射去，但这不是来自地面的射击，而是从黑暗莫测的空中发射的。

在探照灯光的短暂照射下，只见这架飞机突然重心不稳，跟跟跄跄地往下坠。

几分钟之后，在莫斯科防空指挥部大楼顶观察哨的铁塔上，值班观察兵通过电话，传送了一个振奋人心的消息：一架德国"道尼尔－217"轰炸机在白俄罗斯车站方向坠毁。

这架飞机，正是被试飞员马尔克·加莱击落的。

No.2 坚决顶住德军

就在德军地面部队进攻斯摩棱斯克的时候，克里姆林宫向前线发出了简短明确、掷地有声的命令：

"要不惜任何代价，坚决将德军顶住，在莫斯科未做好战争准备之前，一定要将德军坦克阻止在斯摩棱斯克一线！"

战斗在夜以继日、日复一日地进行，战场上尸横遍野，成千上万的人相继死去……

战火的死神终于吞噬了斯摩棱斯克这座美丽的城市，留给苏军的是一座废墟……

但是，斯摩棱斯克阻击战为莫斯科的防御争取了宝贵的时间，对整个战略防御作战起到了积极作用。

在这宝贵的时间里，苏联动员了530万名预备役兵员，仅莫斯科市就征召预备役兵员数十万。青年人头戴钢盔，身穿军服，肩挎长枪，唱着雄壮的战斗歌曲："听吧，战斗的号角发出警报，穿好军装拿起武器！青年团员们集合起来，踏上征途，万众一心，保卫国家！……"

一批批热血青年唱着战歌奔赴战火纷飞的前线……

在这宝贵的时间里，民用产品工厂转入生产军工产品。到9月底，仅在莫斯科市苏维埃所属的670个企业中，已有654个转入生产弹药和武器。军工产品的比重已经占这些工厂全部产品的94%。

在"一切为了前线！"、"一切为了消灭敌人！"的口号声中，炮弹、冲锋枪、手榴弹、迫击炮弹、飞机、火箭炮、大衣、靴子被源源不断地运往前线……

在这宝贵的时间里，苏联政府征用民工在莫斯科以西的远接近地上紧急地构筑防御工事。

尽管德军的轰炸机在天空中呼啸，炮击和轰炸的喧嚣声此起彼伏、震耳欲聋。然而，苏联人，无论是刚刚组建起来的民兵师，还是数万名莫斯科人和郊区居民，却毫不惊慌。修筑防御工事成了一场与时间的赛跑……

从凌晨到深夜，建筑者们异常忙碌。困了，建筑者便分散在郊区的村庄里休息，有时索性就住在工地的木棚里；饿了，他们就近在食堂吃饭，而食品通常是被装在铁桶里从莫斯科运来的。

参加构筑工事的人中有3/4是妇女——女工和家庭妇女。她们没有一个人叫苦，没有一个人要求换班。

"前线比我们更艰难。只要能够保卫住莫斯科，我们什么都忍受得了，什么都能经受得住。"这就是建筑者们的誓言。

　　除了工事之外，建筑者们还广泛构筑了防坦克壕、桩寨及防步兵障碍物。这样工事与障碍物相结合，形成了两条防线。

　　前一道防线被称为勒热夫－维亚济马防线。它的最北端在奥斯塔什科夫以东约 48 公里处，距瓦尔代山不远，中间穿过维亚以西地区，最南端在基洛夫以南，全长 320 公里。

　　后一道防线被称为莫扎伊斯克防线，在莫斯科以西约 130 公里，沃洛科拉姆斯克至提赫文，长约 260 公里。

　　此外，在莫斯科以西还有 4 道弧形防线。

　　到 9 月下旬，莫扎伊斯克防线的准备情况已经达到：防备火力点完成 55%，土木质火力点完成 100%，防坦克壕完成 85%，设置了 800 公里以上的铁丝网。

　　防守莫斯科接近地的任务被赋予西部战区。它北邻西北方面军，以奥斯塔什科夫为界；南靠西南方面军，以活洛日巴为界。从北到南，防御正面宽约 750 公里。在铁木辛哥指挥的西部战区内有 3 个独立的方面军：科涅夫指挥的西方方面军、布琼尼指挥的预备方面军、叶廖缅科指挥的布良斯克方面军。西部战区共有 15 个集团军和 1 个战役集群共 125 万人，在莫斯科以西的两个巨大同心半圆中等待着经受最严峻的考验……

　　时令已经到了寒意袭人的深秋，莫斯科郊外的森林像是被披上了一件金黄色的外衣，

▶ 莫斯科的妇女们自发行动起来修筑防御工事。

其间点缀着黄色的山果、金色的树叶，好一幅壮丽多姿的风景画！

然而，残酷的战争却一步步逼近莫斯科，与这样的美景格格不入。法西斯侵略者不仅破坏了苏联人民的生活，也最终葬送了自己的生命。或许这就是历史最好的回答吧！

No.3 众志成城

在希特勒不惜一切代价必须攻下莫斯科的指令下，德军虽然遭受了巨大牺牲，但仍取得了一些进展，相继攻占了莫扎伊斯克防线的沃洛科拉姆斯克、卡卢加等要地。

这时，莫斯科已成为靠近前线的城市了。尚留在市内的国防工厂和科学文化机构紧急东迁。10 月 15 日，莫洛托夫通知各国外交使团随苏联政府部分机关迁到古比雪夫。以斯大林为首的党中央政治局、国防委员会、最高统帅部和由总参谋部人员组成的作战组仍留在莫斯科。根据国防委员会的决定，从 10 月 20 日开始在莫斯科及其附近地区宣布戒严。

在这生死存亡的紧急关头，以斯大林为首的国防委员会作出在莫斯科近郊歼灭德军的决定，采取攻势防御的果断措施。根据斯大林的指示，苏联红军依靠前线防御工事系统，组织了坚强的攻势防御，以削弱和消耗敌人的有生力量，赢得时间，并准备集中后备力量，在一定时机转入反攻，给予德军以歼灭性打击。

根据斯大林的命令，10 月 17 日组建了加里宁方面军，从莫斯科西北面阻击敌人。国防委员会号召首都人民不惜一切配合红军，誓死保卫莫斯科。《真理报》发表《阻止敌人向莫斯科前进》的社论，动员全市人民在敌人到达首都之前，用自己的鲜血把他们埋葬。莫斯科召开全市积极分子大会，号召全市人民把首都变成攻不破的堡垒。

在莫斯科危急的日子里，全市人民积极响应党组织的号召，表现出了"临危不惧、气壮山河，与敌人决一死战"的英雄气概。他们豪迈地说：敌人在哪里进攻，我们就在哪里歼灭他们！我们要在红场上为列宁而战斗，决不能让纳粹的血手玷污列宁的陵墓！

在短短的三天之内，莫斯科就组建了 25 个工人营，12 万人的民兵师，169 个巷战小组和数百个摧毁坦克班。参加民兵师的有各种专业人员：工人、工程师、技师、作家、学者和艺术工作者。当然。这些人员不是都具有军事技能，但却都具有一颗爱国家、爱首都的心，都有一种不屈不挠的精神和必胜的信念。

很多自动编成的民兵组织参加了侦察、滑雪、袭扰敌人军营和截击敌人军车等活动。当他们取得必要的战斗经验之后，就组成为出色的战斗兵团，担任正规的攻、防任务。全市约有 45 万人参加修筑防御工事，其中四分之三是妇女和少年。11 月，在莫斯科附近，他们构筑了 7.2 万米的防坦克壕，约 8 万米的崖壁和断壁，设置了 5 万米长的桩砦和许多其他障碍物，挖掘了近 13 万米的战壕和交通壕。硬是在冰冻的土地上，用自己的双手挖出了 300 多万立方米的土方。

留在莫斯科工厂里的工人和工程技术人员们，同样表现出了英勇无畏和自我牺牲的精神。因全部贵重设备都已搬迁撤出，他们坚持用旧的、老的设备，生产前线极需要的武器装备。时间紧迫，军工产品必须在最短期限内完成，而工厂人员又严重不足。于是，工人们加班加点，夜以继日的工作，大家一心想着的是保证按时超额完成任务。例如，负责生产帕金 7.62 毫米冲锋枪枪机的第一轴承厂、奥尔忠尼启则工厂，12 月完成的产品数量比 11 月份的多出 34 倍！

为了支援前线，许多民用工厂即时改为生产军用产品，钟表厂生产地雷引信，无线电车修理厂制造手榴弹，机械厂生产坦克和炸药，甚至有的原来是生产居民服饰用品的小厂，现在竟然能为前线生产反坦克手榴弹。资料、设备、技术等方面的困难是可想而知的，但为了支援前线，为了保卫莫斯科，都是争先恐后接受任务，献计献策使转产符合前线的需要。

敌人对莫斯科的狂轰滥炸日甚一日，几乎每夜都有空袭警报，可千百万莫斯科人一面井然有序地工作、生活，一面积极参加反空袭的战斗。

战斗正在莫斯科西郊接近地激烈进行着。莫斯科市民的工作条件和生活条件越来越困难。为减少损失，他们冒着空袭，对莫斯科市内和市郊的大型工业企业继续进行大规模疏散。8.8 万辆铁路货车满载着设备、金属材料和各种半制成品，满载着工人及其家属，奔赴伏尔加河下游地区，奔赴乌拉尔、西伯利亚、中亚和哈萨克。在开始疏散之前，莫斯科共有 7.5 万台金属切削机，经过疏散后只留下 2.1 万台。战前，莫斯科供电系统发电能力大大超过 1,400 万千瓦，而到 1941 年秋时的发电量还不足这个数字的一半。但是，他们硬是克服各种困难，保证了前线任务之急需。

前线指战员感受到，全城的人都在保卫首都，全国都在保卫首都。这成为鼓舞他们取得莫斯科保卫战最后胜利的力量和信念之源！

第六章

朱可夫临危受命

德国"中央"集团军群对莫斯科方向展开强大攻击，莫斯科的形势骤然紧张起来。保卫首都已经成为当务之急！在此危急关头，朱可夫临危受命，毅然担负起西方方面军司令员的重任，挽狂澜于既倒。神通广大的佐尔格在关键时刻送来重要情报，斯大林不由心花怒放。广大苏联红军指战员为了守住自己的防线，发扬英勇顽强、坚忍不拔的爱国主义精神，用生命和鲜血捍卫了至高无上的荣誉。

No.1 重回莫斯科

值此关键时刻，斯大林再次想起了朱可夫。

1941 年 10 月 5 日晚，斯大林打电话给朱可夫，询问列宁格勒的情况。

朱可夫报告说德军已停止进攻。据俘虏的口供说，德军损失严重，现已转入防御。但城市仍在遭受德军炮击和空袭……苏军的空中侦察发现德军机械化和坦克纵队正从列宁格勒向南大规模运动，德军指挥部显然正在把这些部队调往莫斯科。

听了朱可夫的报告以后，斯大林沉默了一会儿，然后说，在莫斯科方向，特别是在西方方面军地域局势严重。

斯大林对朱可夫说："把你的列宁格勒方面军司令员的工作交给参谋长霍津将军，你乘飞机来莫斯科一趟。最高统帅部想和你商量一下重要事情。"

"请允许我 10 月 6 日早晨起飞。"

由于 10 月 5 日晚，第 54 集团军防御地段上出现重要情况，朱可夫未能在 6 日晨起飞。

10 月 6 日傍晚，斯大林再次亲自打电话给朱可夫，再次重申："留下方面军参谋长霍津将军或者费久宁斯基代替你，请你自己乘飞机来莫斯科一趟。"

朱可夫打电话给指挥第 42 集团军的费久宁斯基。"你没忘记你是我的副手吧？"朱可夫问自己的朋友，"你马上来吧！"费久宁斯基很快动身来到斯莫尔尼宫。朱可夫对费久宁斯基说道："你指挥这个方面军吧。用不着再向你介绍情况，因为你都清楚。他们要我立即到最高统帅部去。"

朱可夫同军事委员会委员们告别以后，便乘机飞往莫斯科。

保卫莫斯科的会战已在进行中，而朱可夫将在这次会战中发挥重要作用。

10 月 7 日，朱可夫再次飞回莫斯科最高统帅部。在他的机翼下，可以看到一条条灰黑色的长蛇蜿蜒前行，那是德军坦克和摩托化纵队正在离开列宁格勒，向莫斯科开进。

黄昏时分，朱可夫抵达莫斯科，立即前往克里姆林宫。

病中的斯大林独自一人坐在办公室里。他同朱可夫打过招呼后，直接把朱可夫引至巨幅地图前，开门见山地说："你瞧，这里的情况很严重，而我又无法得到西方方面军真实情况的详细报告。我们不知道敌人进攻的地点和兵力，也不知道我军的状况，因此难以做出决定。你马上到西方方面军司令部去，弄清战局，随时给我打电话，我等着。"

一刻钟后，朱可夫见到了总参谋长沙波什尼科夫元帅。他是在朱可夫去领导斯摩棱斯克预备队方面军时，重新担任总参谋长这个职务的。

沙波什尼科夫身体不太好，精神显得疲惫不堪。他和朱可夫打了招呼，告诉他这一带正在进行激战。沙波什尼科夫描绘了各方面军的危急形势之后说，在莫日艾斯克防线和莫斯科接近地附近构筑阵地的工作还没有完成，那一带还几乎没有驻扎军队。他认为有必要派部队占领这些防线——首先是莫日艾斯克防线。就在这天夜里已经有从最高统帅部预备队和邻近各个方面军来的部队开始向这些防线调动。

朱可夫在总参谋部研究完局势、熟悉了情况之后，立即带着地图，当夜驱车前往西方方面军司令部。司令部就在预备队方面军司令部当初的驻地，一个月前，朱可夫是以叶利尼亚城下胜利者的姿态离开这里的。朱可夫一路上感到身体不适，疲惫不堪，耳畔仍回响着列宁格勒的炮声，只想不顾一切地倒头便睡。

为了驱散睡魔，朱可夫不时让车停下，走出车来，在清新的空气里跑两三百米，然后再上车。在路上，他仍坐在车上，借着手电的光亮继续研究作战双方的位置和作战行动。

10月5日，在尤赫诺夫－小雅罗斯拉韦茨地区发生了一场大骚乱，至今余波未平。原来这里发生了令人难以置信的情况：苏军飞机拂晓时发现了德军庞大的坦克和机械化步兵纵队，它们突破防线，正朝尤赫诺夫开来。总参接到有关这一情况的最初几份报告时还以为是报告失实：哪儿来的敌人？而且是在莫斯科一线——离首都只有两百多公里。而这一线实际上毫无遮挡，只有一些工兵营。

▲临危受命的朱可夫将军。

　　后来才知道，西方方面军没能顶住德军，到 7 日晚，希特勒的几十个师正从西边朝首都压过来，苏军莫斯科外围部队被包抄后，现在肯定是在包围圈中作战。

　　由于莫斯科方向情况危急，这一带在 9 月底集中了三个方面军：科涅夫的西方方面军、布琼尼的预备队方面军及叶廖缅科的布良斯克方面军。三个方面军共拥有兵员 125 万，坦克 990 辆，大炮 7,600 门，飞机 677 架。

　　10 月 6 日 19 时 30 分，大本营给预备队方面军和西方方面军司令员发去指示："朱可夫大将作为最高统帅部代表前往预备队方面军防地。大本营建议你们帮助朱可夫同志了解情况，今后朱可夫在调遣、使用方面军部队问题上作出的所有决定必须付诸执行。"

　　朱可夫到达西方方面军司令部时，已经是深夜了。值班军官向他报告说，所有本部人员都在方面军司令员科涅夫上将这里。当朱可夫走进房间里时，科涅夫、索科洛夫斯基、马兰金等正在点着几支蜡烛的昏暗中开会。尽管光线不好，朱可夫仍然可以看出每个人脸上的疲倦的神态。

　　参谋长马兰金中将回答了朱可夫提出的问题，谈了 10 月 2 日至 7 日之间发生的情况。德军在莫斯科接近地重新集结了军队，现已在步兵兵力上超过了西方方面军、预备队和布良斯克方面军。现在最担心的是，在这三条战线上德军可能集中兵力进行攻击，而苏军又

▼苏军坦克纵队开往前线作战。

没有多余的预备队来堵塞防线上的漏洞。

朱可夫暗自盘算：敌人的兵力是超过三个方面军的总和，但我们是在防守，怎么竟未能及时识破敌人的意图，把主力集中到敌人的主要打击方向去呢？他深感震惊：敌人用同样的伎俩已经三次得手。希特勒军队由西向东进攻，第一次在明斯克展开钳形攻势，第二次在斯摩棱斯克如法炮制，这次在维亚济马已是第三次。这是老一套打法，即在口袋形成后，用机动部队从南北两个方向分进，然后合围。

朱可夫听取了马兰金的简略汇报，然后在 8 日深夜 2 时半打电话给还在案头工作的斯大林，向他报告：目前主要危险在防御薄弱的莫扎伊斯克一线，敌人的坦克可以突然冲往莫斯科，必须尽快往这一线调集部队。

这时，斯大林问道："西方方面军的第 16、19、20 集团军和鲍尔金指挥的集群现在哪里？还有预备队方面军的第 24、32 集团军现在哪里？"

朱可夫答道："在维亚济马以西和西北被包围了。"

"你打算怎么办呢？"斯大林问道。

"我打算去见布琼尼……"（布琼尼元帅这时在指挥预备队方面军）

"可是你知道他的司令部现在在哪里？"

▼苏联列车正源源不断地向莫斯科前线运送物资。

　　"我不知道。我要到马洛亚罗斯拉韦茨附近某个地方去找。"朱可夫答道。

　　朱可夫动身去找布琼尼时，天正下着毛毛雨，大雾弥漫，能见度很差。汽车行驶在秋日的道路上，经过伪装的头灯发出暗淡的光线，照在被雨淋湿的碎石路上。德军坦克在莫斯科郊区到处乱窜，随时都可能朝着溅满泥浆的挡风玻璃射来一梭子机枪子弹。见此情景，陪同朱可夫的一名军官不由得拉开自动步枪枪栓，但朱可夫专注地凝视着前方的道路，显得沉着而镇静。

　　朦胧夜色中，他们在距莫斯科仅 105 公里的奥布宁斯克小站附近找到了预备队方面军司令部。但这里的人们不管是对敌情还是布琼尼的下落都一无所知。朱可夫只好继续往前走。

▲ 1941 年 10 月，由于遭到突然袭击，德国士兵仔细搜查路边的壕沟，一名士兵打头阵，后面两名掩护。

10 分钟后，朱可夫找到了集团军政委麦赫利斯的办公处，参谋长阿尼索夫少将也住在这里。

朱可夫走进屋时，麦赫利斯正在打电话。他放下电话后，朱可夫说明他是奉斯大林命令作为统帅部的成员来找布琼尼的。麦赫利斯对他说司令员前一天和第 43 集团军在一起，但司令部现在已和他失去联系，派去找他的联络官还没有回来，司令部的人员都很担心是否出了什么事。关于敌人的位置和方面军军队的情况，麦赫利斯和阿尼索夫也谈不出什么具体东西。

"你瞧我们所处的情况吧，"麦赫利斯说，"目前我正在收集撤退下来的人，我们将在集合地点把他们重新武装起来，把他们编成新的部队。"

朱可夫立即前往尤赫诺夫，希望在那里了解第一手情况。

斯特列尔科夫卡村是朱可夫的家乡，离奥布宁斯克不过 10 公里之遥。在经过奥布宁斯克时，朱可夫回想起自己的童年和青年时代，想起了衰老不堪、无依无靠的母亲，想起了有 4 个孩子的姐姐，想起了 12 岁时母亲送自己上火车，让自己到莫斯科找一位亲戚学皮毛手艺的情景。

朱可夫对这一带地方非常熟悉，儿时曾把附近的地方都走遍了，就是闭着眼睛也能找到回家的路。如果德军进了村，亲人定会遭难。要不要顺路去看看亲人呢？

朱可夫心里暗自思忖。不行，一点儿时间也没有，还是先找到布琼尼，以后再找机会把他们接出来吧。

经过一段时间的跋涉后，朱可夫来到小雅罗斯拉韦茨，没有碰见一个人。走到执行委员会大楼前时，他看到两辆车子，一个司机在其中一辆汽车的方向盘后面睡着了。朱可夫上前把司机叫醒，司机说这是布琼尼的汽车，他已经进去 3 个小时左右了。朱可夫进去一看，一个人正俯身看地图，那模样几乎让人认不出来。

布琼尼听到朱可夫曾经去西方方面军司令部后，就解释说他已经有两天多没有和科涅夫联系了。在他到第 43 集团军去时，方面军司令部转移到一个他不知道的新地方去了。朱可夫把地点告诉了他，并使布琼尼感到西方方面军面临的严重形势——它很大一部分部队被包围了。

"这儿情况也不好，"布琼尼回答说，"第 24 和 32 集团军被切断，已经不存在防线了。昨天在尤赫诺夫和维亚济马之间，我自己也差点儿落入敌人手中。大量坦克和摩托化纵队调集到维亚济马附近，看来是想从东面包围这座城市。"

"尤赫诺夫在谁手里？"朱可夫问道。

"现在我不知道。在乌格拉河畔发现有一个小分遣队及大约两个步兵团，但没有炮兵。

我想尤赫诺夫已落在敌人手中了。"

"那么谁在负责掩护从尤赫诺夫到马洛亚罗斯拉韦茨的道路？"朱可夫又问。

"我从那儿经过时，除了在美登遇到三名民警，路上什么人也没碰到。"

经过商定，布琼尼马上回方面军司令部，向最高统帅部汇报情况，朱可夫则前往尤赫诺夫地区。朱可夫的汽车行驶了 10～12 公里，在经过一座森林时，被一些穿工作服和戴坦克帽的红军战士挡住了去路。其中一个人走过来告诉他们说不能再往前走，前面有敌人。原来苏军特洛伊茨基的坦克旅在森林里已停留了一天多时间。

朱可夫亮明了自己的身份，询问战士关于部队的一些情况。当得知坦克旅指挥部就在林子里，离这里只有一百多米远时，他要求这位战士带他到那里去。

一走进林子，朱可夫就看到一位戴着坦克帽、穿着蓝工作服的坦克部队军官正坐在树墩上。这位军官看见朱可夫走过来，迅速站起来大声说："最高统帅部预备队坦克旅旅长特罗茨基上校向您报告！"朱可夫很高兴见到这位老朋友。

原来，早在 1939 年，朱可夫就曾和特罗茨基一起在哈勒欣河作战，朱可夫对这位干练的军官十分了解。通过交谈，朱可夫得知尤赫诺夫虽已落入德军之手，但他们通向莫斯科的道路却被匆忙调集来的部队所堵塞，苏军正死守乌格尔河一线。

朱可夫让特罗茨基派联络官去向布琼尼汇报情况，让这个旅一部分向前展开，组织防御，掩护通往美登的道路。朱可夫还批示上校把给他的这道命令通过预备队方面军通知总参谋部，并告诉他们他准备到卡卢加去找近卫步兵第 5 师。

与此同时，在位于克拉斯诺维多夫的西方方面军司令部里，莫洛托夫、伏罗希洛夫、华西列夫斯基、布尔加宁和科涅夫正在召开国防委员会，讨论局势。大家对莫斯科附近出现的困难而又危险的局势极为忧虑，最后得出结论：西方方面军和预备队方面军应立即加以合并，改组为西方方面军，并向斯大林建议任命朱可夫为司令员。

最高统帅部同意了这个建议，发给朱可夫的一份电报说："最高统帅命令你前往西方方面军司令部，任命你为西方方面军司令员。"

No.2 任职西方方面军

10 月 10 日，斯大林给朱可夫打来电话，正式通知他最高统帅部决定任命他为西方方面军司令员，这距离他在列宁格勒就任类似职务才整整一个月时间。

"赶快把一切都抓起来！干吧！"斯大林以命令的口气在电话中大声说道。

"我着手执行你的指示，但请求赶快把更多的预备队调到这里来，因为最近希特勒军队可能增强对莫斯科的突击。"朱可夫立刻以军人的姿态斩钉截铁地回答。

很快，朱可夫就接到最高统帅部于1941年10月10日17时发布的命令：

（1）西方方面军和预备队方面军合并为西方方面军。

（2）任命朱可夫同志为西方方面军司令员。

（3）任命科涅夫同志为西方方面军副司令员。

（4）任命布尔加宁同志、霍赫洛夫同志和克鲁格洛夫同志为西方方面军军事委员会委员。

（5）朱可夫同志于1941年10月11日18时开始指挥西方方面军。

（6）撤销预备队方面军机关，用以补充西方方面军和莫斯科战线的预备队。

接到命令后报告。

最高统帅部

斯大林

沙波什尼科夫

第2844号

接到命令后，朱可夫心急火燎，立即出发前往西方方面军司令部。

西方方面军司令部临时设在几个帐篷里，显得非常简陋。朱可夫走进帐篷，迅速投入了战役的组织工作，以他特有的干劲开始了新的使命。

朱可夫同科涅夫、索科罗夫斯基在一起商量，随后做出了几项决定。首先把方面军司令部迁到阿拉比诺。然后科涅夫带领一批军官到加里宁，去协调这一危急方向上各个部队的作战行动。朱可夫则和军事委员布尔加宁一道去莫日艾斯克，就地检查防务。

朱可夫一行受到司令鲍格达诺夫上校的欢迎。在他们开会时可以清楚听到炮火和炸弹的爆炸声。鲍格达诺夫上校报告说，在鲍罗季诺接近地，由炮兵和1个坦克旅加强的步兵第32师，正在和德军先头机械化部队和装甲部队战斗。朱可夫命令他不惜一切代价守住防御地段。随后，他回到阿拉比诺的方面军司令部。

朱可夫关注的，首先是与在维亚济马城外陷入重围、正在苦战的部队取得联系。朱可夫给被围的各集团军指挥员发去电报，询问他们准备在何处突围，答应给他们以空中支援。

10月11日21时12分，指挥一部分被围部队的鲍尔金和卢金两位将军在给斯大林和

◀ 德军一个机枪小组赶赴前线作战。

西方方面军司令员科涅夫（他们还不知道朱可夫已被任命为方面军司令员）的电文中声称：

包围圈已收口。我们和叶尔沙科夫及拉库津接近的一切企图均未奏效，我们不知道他们在哪里，在干什么。弹药将尽，燃料已告罄。

显然，这封电报没有对方面军司令部提出的询问做出回答。

朱可夫用了一昼夜多的时间研究了当前局势，于10月12日晨9时15分致电卢金、叶尔沙科夫、鲍金和拉库津：

和叶尔沙科夫作战的是敌252步兵师……你们若再拖延行动，会导致全军覆没。要加紧突围。

可惜的是为时已晚，通信联系已经中断。各被围部队的司令部失去了对部队的控制。有组织的突围未能实现，只有个别部队和许多零星队伍得以突围归来。

最高统帅部继续采取紧急措施来保卫首都。10月9日，莫日艾斯克防线的指挥部（改称为莫斯科预备队方面军）获得5个新改编的机枪营、10个防坦克炮兵团和5个坦克旅。到11日，莫日艾斯克防线上的部队合并为第5集团军，由列柳申科指挥。

朱可夫着手建立活洛科拉姆斯克－莫扎伊斯克－小雅罗斯拉韦茨－卡卢加一线的防御，并组建第二梯队和方面军预备队。新的兵员和物资都没有，朱可夫主要是通过加强政治工作来提高失利后军队的士气，增强在莫斯科附近一定能够打败敌人的信念。西方方面军在此期间进行了大量的政治教育工作，主要是推广好的歼敌方法，提倡个

▶ 开往前线的苏军士兵正与家人依依惜别。

人的和集体的英雄主义精神。朱可夫对这些工作十分满意，特意对方面军政治部主任列斯捷夫提出表彰。

在这非常时期，朱可夫看到了一幕幕感人的场景：军队日日夜夜紧张地工作，由于疲乏和缺少睡眠，许多人几乎都站不住了。但是，他们在对莫斯科命运和对祖国命运的个人责任感推动下，完成了常人难以完成的工作，以确保在莫斯科附近建立稳定的防御。

朱可夫被眼前的一切所感动，激励自己更加全身心地投入工作。

朱可夫临危受命，在危急关头组织起苏军的顽强防御，暂时阻止了德军的进攻，从而争取到宝贵的时间来组织好莫日艾斯克防线的侧面防御，防止敌人攻占莫斯科。朱可夫下令在受威胁最严重的通道上建立大量强大的防坦克炮兵阵地，特别注意建立可能进行伏击的阵地。10 月 17 日，加里宁方面军成立以后，朱可夫负责的地区减少了一半，从而能集中力量来组织通向首都最直接道路上的防务。

10 月中旬，苏军最高统帅部想方设法抽调了 14 个步兵师、16 个坦克旅和 40 多个炮兵团的兵力，共计 9 万余人，组建了第 5、15、43 和 49 集团军。朱可夫立即把这些部队投入到最需要的地段上去：罗科索夫斯基率第 16 集团军开往活洛科拉姆斯克方向，列柳申科少将率第 5 集团军向莫扎伊斯克方向集中，叶夫列姆中将率第 33 集团军集中在纳罗福明斯克地区，戈卢别夫少将的第 43 集团军在小雅罗斯拉韦茨方向展开，扎哈尔金中将的第 49 集团军则向卡卢加集中。西方方面军司令部也由阿拉比诺转移至佩尔胡什科沃。

值得注意的是，朱可夫把当时最有经验的将领，都安排在负责防守通往莫斯科各主要方向的地段上。朱可夫对他们是完全信赖的，相信他们一定会竭尽全力阻止敌人突入莫斯科。

这时的德军也调整了兵力，向莫斯科重新展开猛攻，但每前进一步都付出了惨重的代价。朱可夫和西方方面军司令部牢牢地掌握着部队，一旦出现险情，就立即作出闪电般的反应。

不仅如此，苏军一得手，就马上给予德军以强有力的反击。

10月13日，苏军T-34型和KB型坦克在博罗夫斯克城下摧毁了德军反坦克炮阵地。随后，双方为此阵地展开了反复争夺。德军花了很大力量，最后出动了俯冲轰炸机，才勉强夺回原来的阵地。

莫斯科全副武装，准备迎击敌人！

按照西方方面军军委的决定，在莫扎伊斯克防线后方修筑一条主要防线，它经过新扎维多夫斯克－克林－依斯特林斯克水库－依斯特林－克拉斯诺亚帕赫拉－谢尔普霍夫和阿列克辛。另一条防线直接环绕郊区。这一工程浩大的防御工事的修筑是由莫斯科市党组织领导进行的。市委书记切尔诺乌索夫指出：

"莫斯科人在修筑防线中表现出的献身精神确实具有广泛的群众性。60万莫斯科市和莫斯科州居民（其中3/4是妇女）在严寒中，并且常常是冒着敌人的炮火，修筑了700公里长的反坦克壕，3,800个临时火力点和固定火力点。"

在第一梯队后面，红军的工程兵沿着坦克最可能逼近的道路构筑了障碍物和防坦克防御工事。预备队也沿着主要方向往前调动。方面军司令部再次转移——由阿拉比诺迁到了佩尔胡什科沃。10月13日，朱可夫指挥的守卫部队被迫放弃卡卢加，在通往莫斯科的所有主要道路上都展开了浴血战斗。

德军第13兵团沿着塔鲁萨方向进攻，占领了塔鲁萨和阿列克辛这两个市镇，在图拉以北形成了一个包围圈。随着德军压力逐渐增大，苏联西方方面军被迫后撤，放弃了莫日艾斯克防御地带的主要防线，莫斯科面临的危险与日俱增。

根据朱可夫的建议，第22、29和30集团军于17日划归加里宁方面军，科涅夫上将任司令员。这样，西方方面军主力和原加里宁集团都可以获得更有效的指挥。

与此同一天，柏林帝国大本营。

已经被德军的巨大进展冲昏头脑的希特勒，昂起脑袋，仰视着天花板，对他的部下畅谈了攻下莫斯科、击溃苏联之后的梦想：

我们将在那边修几条公路干线穿过最美丽的地方，公路和河流交叉处将矗立起许多座德国城市，作为党政军警机关的中心。公路两旁分布着德国的牧场，这样一来亚洲的风光很快就会改观。十年过后那里的居民至少达到1,000万人……莫斯科和列宁格勒自然已经不复存在。让俄国人离大公路远远的，在蒙昧无知、精神麻木中自生自灭，对他们来说教育和保证社会需求都是多余的。

德国柏林正在最后完成"东方总体规划"——德意志在东方（直到乌拉尔）的殖民方案。

▲一支德军部队正匆匆地撤退，连躺在路旁同伴的尸体都视而不见。

德国的宣传机构宣称德军已兵临莫斯科城下，苏联的覆灭指日可待。

而苏联全体军民已经全部动员起来，朱可夫全权负责指挥在莫斯科以西防线上进行的首都保卫战！

这时的朱可夫，也许经受着一生中最大的压力。

朱可夫已经看到，沃洛科拉姆斯斯克－莫日艾斯克－马洛亚罗斯拉韦茨－谢尔普霍夫的防线兵力仍然显得薄弱，德军占领了沿线的一些据点。

为了阻止德军突入莫斯科，方面军的军事委员会选定了一条新的主要防线，经过诺沃扎维多夫斯基、克林、伊斯特腊水库、伊斯特腊郊区、扎沃隆基、红帕赫拉、谢尔普霍夫和阿列克辛。朱可夫认为把西方方面军的全部兵力从莫日艾斯克一线撤出，在这条新防线上重新部署比较有利。

在这个计划中，朱可夫考虑到了最坏的可能，即苏军不能在莫日艾斯克防线上阻住敌人，那么他们就可以撤退到沿新防线准备好的阵地上去。由防坦克武器加强的后卫部队可以发动有限规模的反攻，尽可能长久地阻滞敌人。为了保证军事运输的畅通，任何其他车辆都不许直接开往或经过莫斯科。

10月19日，这项建议由朱可夫、布尔加宁（西方方面军军事委员）和参谋长索科罗夫斯基中将签署，作为密件发给各集团军司令员，由他们补充相关细节，最后送呈最高统帅部。统帅部当天就对此予以批准。

与此同时，叶廖缅科中将指挥布良斯克方面军的剩余部队突破重围，但是古德里安的坦克集群紧追不舍，并迅速逼近了重要军工城市图拉。由于驻图拉的第50集团军和当地市民的坚守，这座英雄的城市始终屹立不动，使德军的右翼集团的战线拉长，不能以应有的战术密度作战。

到10月底，德军在莫斯科远接近地的进攻中，一共推进了230公里至250公里，最后被挡在图尔吉诺沃－沃洛科拉姆斯克－多罗霍沃－纳罗福明斯克、谢尔普霍夫以西和阿列克辛地区。对德军来说，除了其突击集团兵力、兵器的损失外，战线长而分散的形势也相当不妙。

在11月初的几天里，战场相对平静，有经验的老兵都知道这是大战前的沉寂，双方都在调兵遣将，积蓄力量，准备着即将到来的殊死决斗。

No.3 20世纪最大的间谍

克里姆林宫里，斯大林正思索着，波斯克列贝舍夫走了进来，把一个橙红色的文件夹放在了办公桌上，简单地说了一句："佐尔格的情报。"说完，他便退了出去。

斯大林刚刚划着火柴，准备要点燃烟斗，听到是佐尔格的情报，马上把火柴和烟斗都放在烟缸里，打开了文件夹。情报很短，就一句话：

"据悉日本政府不会在1942年秋季以前对苏开战。"

斯大林把这句话反复看了好几遍，嘴里连声说："好样的，佐尔格，好样的！你这一句话，帮了我们大忙……"

日本是轴心国成员，又与苏联的远东地区毗邻。因此，日本对苏德战争的态度，直接决定着苏联会不会陷入两线作战的境地。同时，日本究竟是北击还是南进，国内一直争论不休，考虑到日本的国策和它与德国的关系，苏联不得不把相当一部分部队部署在远东地区，以随时应付日本可能发动的进攻。

正是由于日本所处的这种地位，凡是来自日本的情报，都受到苏联方面的高度重视，并立即呈送给斯大林。佐尔格的这份简短的情报对于苏联来说具有特别重要的意义！

斯大林抑制不住内心激动的心情！

佐尔格就是这么一位神通广大、机智勇敢的传奇式的人物。直到今天，佐尔格仍被视为"20世纪最大的间谍"。

佐尔格，1895 年 10 月 4 日生于俄国南高加索的阿吉肯德。他的父亲是德国人，在巴库一家德国石油公司当工程师；母亲是俄国人，出身于贫困的铁路工人家庭。佐尔格 3 岁来到德国，在那儿住了二十多年，随后移居到苏联。佐尔格的祖父曾在马克思、恩格斯影响下，走上了革命道路，并在马克思的提议下，担任过国际工人协会总委员会的总书记。年轻的佐尔格为有这样一位革命的祖父而自豪。但真正决定他本人走上革命道路的还是他参加了 1914 年至 1918 年的第一次世界大战。在战火纷飞的年代，他亲眼目睹了帝国主义战争给人民造成的巨大灾难，他憎恨战争，憎恨造成战争根源的剥削制度，从而决心参加共产党的队伍。从 1920 年 11 月到 1921 年底，他在佐林根党报任编辑，从事党的宣传鼓动工作。

▲被称为"20 世纪最大的间谍"的佐尔格在日本东京。

佐尔格是在中国"9.18"事变后，奉苏共中央之命开始从事情报工作的。他先在中国住了几年，然后回到莫斯科。法西斯政变之后不久，佐尔格又从莫斯科到了德国。

1933 年，趁希特勒刚上台的时候，佐尔格"积极地"表示"想为元首和他所复兴的帝国服务"，争取到了去东京当记者的机会，从而在东京负责拉姆扎小组的情报活动。莫斯科要他们查明：日本是否打算在满洲边境进攻苏联？日本是否因此而训练陆海军？希特勒上台后东京和柏林的关系如何？日本对中国、英国和美国的政策如何？是哪些势力决定日本的国际政策？……

佐尔格本人则负责研究纳粹德国和日本政府的关系。

日本黑木旅馆的大厅里，匆匆走来一位 40 来岁的中年人。只见这位中年人身材修长，气宇轩昂，衣着入时，风度不凡，这正是佐尔格。他代表德国很有影响的柏林《交易所报》、《地理政治》杂志等报刊，专程前来日本采访内幕消息，撰写专稿，以掩护其真实身份。

最近一段时间，佐尔格仔细研究了希特勒两年来惯用的战争手法：秘密作战，声东击西，高谈和平，突然袭击……德国准备大举入侵英国的消息世人皆知，而有关苏联的消息则无声无息。佐尔格心里在推测：希特勒是不是在玩弄什么把戏，进攻英国也许只是战略上的伪装手段？希特勒的真正的目的究竟是什么呢？当务之急显然是要想尽一切办法搜集这方面的情报。

正当一筹莫展的时候，佐尔格在德国大使馆里偶然认识了一个名叫欧根·奥特的军官。

▲德军的一个反间谍情报组织成员。

奥特说，自己到日本有好几个月了，是作为军事观察员派来的，住在名古屋一个日本炮兵营的营房里，只有妻子来的时候才到旅馆里住。目前，他正在替冯·博克将军写军事评论，可是对于外交部分感到很困难。不知道佐尔格能不能给他介绍一位可靠的熟悉情况的人。

佐尔格看到奥特同德国将军团的最上层有联系，而且来东京也是为德国情报部门搜集情报，正好有利用价值，于是便和他热烈地攀谈起来。

"我认为"，佐尔格说，"只有了解日本的历史，才能了解它的现行政策。早在半个世纪以前，明治天皇就说过，大和民族只有实现了三个阶段的计划才能征服世界。这就是：第一步占领台湾；第二步合并朝鲜；第三步占领满洲，乃至全中国。不管怎么说，日本人从来不忘称霸全球的传统政策。在他们眼里，欧洲不过是亚洲的一个半岛而已。"

奥特聚精会神地听着佐尔格的宏论，他自己的报告里就是缺少这样一些远见卓识。这位军事观察员心里明白，他的前程取决于他将向柏林提出什么内容的报告。奥特派驻日本的时候，接受了一项机密而具体的任务：为军国主义日本和德国两家的谍报机关建立合作关系。他已经做了不少工作，但是还不够，需要提出自己的看法，并预测今后的前景。如果能吸收佐尔格参加，那就太好了。

佐尔格见奥特听得入神，又继续发挥自己的思想，他慷慨激昂地说："现在还有一个题目：日本需要一个军事盟国来实现它的大陆政策。这是显而易见的。它能指望谁呢？苏俄？不行！美国和英国？也不行！那还有谁呢？只有德国。德国的国家社会主义和日本的政治神道有异曲同工之妙。你还记得'生存空间'和'向东方挺进'的口号吗？难道日本军方就没有这种意图？依我看，元首的德国也需要盟国，这个盟国就是今天的日本。这就是我们的远景和我国远东政策的基础。"

奥特越听越过瘾，越谈越投机，简直有相见恨晚之感。佐尔格也觉得这个人对于自己的工作会有帮助，所以有意给他一些启示。

在与佐尔格交谈之后，奥特受到了很多启发，并将它写进了呈送给德国的报告之中。让奥特高兴的是，他的这份报告受到了柏林的好评，尤其是受到了希特勒的赏识。奥特也因此被提升为武官，不久又晋升为上校，后来又当上了德国驻日本大使。祝贺的电报纷至沓来，其中有希特勒的顾问约雷尔、冯·博克、凯特尔和其他将军、政坛要人。

奥特简直是青云直上，他的官运亨通多亏有佐尔格暗中相助。如果没有他，奥特知道自己是写不出那样出色的报告的，从而也就不能像现在这样出人头地了。奥特明白这一点，所以对佐尔格感激不已。从这以后，他俩的关系越来越密切，奥特甚至为佐尔格自由出入使馆机要室开了绿灯。

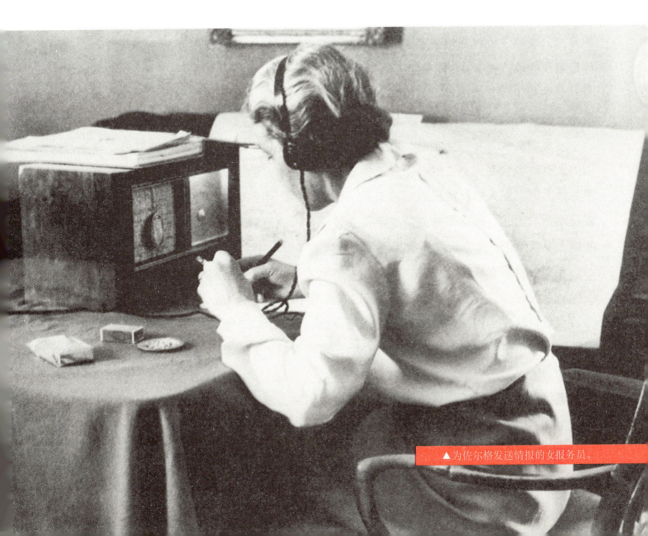

▲为佐尔格发送情报的女报务员。

利用奥特这层关系的掩护，佐尔格曾把日本侵华的绝密计划、诺门坎事件的军事部署以及希特勒准备在 1941 年 6 月份进攻苏联、德意日三国军事同盟的谈判等重要情报及时发到了莫斯科。

佐尔格今天发出的关于"日本政府不会在 1942 年秋季以前对苏开战"的情报，就是在与奥特的交谈过程中得到的。

10 月上旬的一天，佐尔格又来到德国驻日使馆找奥特。一见面，平常有说有笑的奥特，今天却显得心事重重，愁眉不展。佐尔格便问道："大使先生，好久不见了，今天您气色可不太好，怎么了？"

奥特无精打采地摇摇头："一言难尽。佐尔格先生，您来得正好，我正有事想请教您。"说着顺手关上门并上了锁。

"您知道，"奥特转过身就说，"柏林天天着急询问，为什么日本政府还不发动对苏战争。而日本的近卫内阁又总是推三推四，哼哼哈哈，鬼知道他们是怎么打算的。我费了九牛二虎之力对他们解释立即加入对苏作战的必要性，向有关人士晓以利害，可是这帮笨蛋就是不开窍。现在，柏林却对我感到不满，甚至打算召我回国。听说还要把我派到前线，到战斗最激烈的地方去。佐尔格先生，您帮我想想办法，怎样才能让日本政府积极采取行动？"

佐尔格见今天的谈话，这么容易就进入了自己想要了解的主题，心里着实高兴。但他表面上却耸耸肩，表现出了一副无可奈何的样子：

"奥特先生，我很同情您，体会得出您现在的处境。真的，跟一群傻瓜打交道，再聪明的人有时也会毫无办法的。不过，据我观察，日本人的逆反心理很重，这大概跟他们不愿甘居人下、受人歧视的民族性格有关。你说行的，他们往往说不，你说不的，他们却偏要证明行。因此，最聪明的办法是不要去催促日本政府对苏开战，而是相反，尽量在这个问题上淡漠他们，也许会收到意想不到的效果。"

看到奥特若有所思，把注意力都集中到刚才这番话上，佐尔格不动声色，似乎是很随便地问了一句："不过，您得先能肯定日本政府不打算对苏作战……"

说着，从桌上的烟盒中拿起一支香烟点燃，吸了一口，慢慢吐出一缕烟雾。佐尔格的眼睛端详着手中的香烟，像是漫不经心地在研究香烟上的标牌，而实际上是等待着奥特的下语。

奥特果然顺嘴说："这勿需怀疑，据可靠消息，日本政府打算再维持一段时间中立，至少 1942 年秋季之前不会对苏开战……"

"日本近期内不会对苏联采取行动。"这一消息对于苏联来说，简直是太具有重大意义了！就好比从天上投给兵员几近枯竭的苏军最高统帅部几个、十几个、几十个师的兵力。而在战争的关键时刻，往往有几个师，甚至几个营的生力军的注入，就能取得最后的胜利。

想到这里，佐尔格觉得应迅速将这一情报告诉莫斯科。于是装着是忽然想起什么，忙着看表，说："差点忘了，我是顺路来看您的。一会儿还有个记者招待会，发布有关日本金融和资源的消息，我得去参加，告辞了。"

佐尔格出来，驱车直奔存放电台的秘密地点。

很快，在发报员灵巧的手指下，一条对日后的战争进程产生重大影响的情报，从东京飞到了莫斯科：

"1941年9月15日以后，可以认为苏联远东地区不会受到来自日本的进攻威胁。拉姆扎。"

"拉姆扎"是佐尔格谍报小组的代号。而这条消息也竟然成了这个小组发出的最后一份情报。几天之后，拉姆扎小组的成员相继被捕，佐尔格也未能幸免于难。

斯大林看到这份情报时，还不知道佐尔格已经出事了。他马上给总参谋长沙波什尼科夫打电话："鲍里斯·米哈伊诺维奇，我刚刚得到一份我们在东京的情报人员发来的情报，据说日本人不会在1942年秋季之前参加对苏作战，这具有重要意义，它使我们可以从远东军区调来一些部队，多少满足一下我们的急需了。请您迅速与远东军区联系，让他们抽调若干个师，做好出发准备，最高统帅部安排特别军用列车负责运送。一切要快，一分钟也不要耽搁，明白吗！"

CHAPTER SEVEN

第七章

红场阅兵

　　最高统帅斯大林决定继续留在莫斯科，与军民共同坚守首都，这给在全国各条战线奋战的人们，尤其是莫斯科居民以极大的精神鼓舞。伟大的十月革命节日益临近，为鼓舞全体苏联军民奋战到底的斗志，斯大林在莫斯科发表了慷慨激昂的演说，极大地增强了人们战胜敌人的信心和勇气。在德军空袭的威胁下，莫斯科仍然举行了盛大的十月革命节集会和庆祝活动，红场依旧举行了庄严隆重的阅兵式。朱可夫就任西部方向总司令，同时兼任西方方面军司令员。

No.1 斯大林坐镇莫斯科

这时，莫斯科城内的气氛异常紧张，街上行人拥挤，被焚烧的文件的碎片从机关大楼的烟囱里纷纷扬扬地飘洒下来，好像下了一场"黑雪"。

克里姆林宫里，几百斤的秘密文件被销毁。

水晶棺内的列宁遗体已经从红场转移到安全的地方。

因为公共汽车和出租车都被征用到前线运送兵员，城市的交通陷入瘫痪。

10 月 15 日，苏共中央和国防委员会作出紧急决定，将部分中央机关和所有外交使团紧急疏散到古比雪夫，并把特别重要的国家贵重物品运走。

由于谣传德军坦克随时可能攻进城来，莫斯科城里人心惶惶。有的商店遭到哄抢，装罐头仪器的卡车被抢劫后翻倒在地上，党证被毁掉，这一使人惶恐的局面在 10 月 16 日、17 日、18 日这几天达到了顶点。

有一些人在有意无意中制造出惊惶失措的气氛，擅离职守，匆匆忙忙逃到城外去，还有一些人散布莫斯科必然投降的谰言。所有这些都加重了莫斯科城内的惶恐氛围。

为了动员群众击退敌人，为了镇压由煽动分子制造的案件，国防委员会于 10 月 19 日做出决定，宣布莫斯科及郊区戒严，并规定一切破坏治安的人都将立即交付军事法庭审判，一切煽动分子、奸细和其他挑动暴乱的人立即枪决。

在这险峻的时刻，以斯大林为首的党中央政治局、国防委员会，最高统帅部和由总参谋人员组成的作战组勇敢地、毫不犹豫地留在了莫斯科。

最高统帅斯大林决定留在莫斯科，与军民共同坚守首都，这给在全国各条战线奋战的人们，尤其是莫斯科居民以极大的精神鼓舞。

10 月 19 日的晚上，阴雨绵绵。莫斯科克里姆林宫斯大林的办公室里却是灯火通明。国防委员会正在这里召开紧急会议。

在一张铺着绿呢的长桌两旁坐着所有国防委员会成员。斯大林依然坐在长桌的一端。

当与会人员到齐后，会议正式开始。

斯大林缓缓站起身，从容不迫地说："同志们，前线的形势大家都已经十分清楚，我现在要问的是，我们还要不要守卫莫斯科？"

说完，斯大林的目光巡视着每一位在座的人。

会场上出现了短暂的沉寂。虽然沉寂的时间不是很长，但其间每一个人的内心活动却都是很复杂的。静默之中含有忧虑、悲伤、顽强、忍耐，甚至也有退缩……

沉默片刻之后，斯大林慢慢地走到朱可夫身后，说："朱可夫同志，您作为一个共

▲战争期间，苏联著名画家绘制的一幅斯大林的宣传画。

产党员，请老实告诉我，我们还要不要守卫莫斯科？"

斯大林的话语在朱可夫听来真是肝肠寸断，朱可夫看到过斯大林凶狠、严厉、暴怒的样子，可从没见过他如此沉痛。

朱可夫咬了咬牙，轻声而坚定地说："我们的先辈库图佐夫曾经在强敌面前成功地保卫了俄国……"

斯大林眉毛一动，看了朱可夫一眼。不仅仅是斯大林，在座的每一位同志都知道朱可夫这里指的是 1812 年库图佐夫元帅率领的俄国军队在法军强敌压向莫斯科之时，勇敢地击退了拿破仑的入侵。现在情况有点儿类似，但又有所不同。

1812 年 9 月 13 日，库图佐夫召开紧急军事会议。当时他所面临的困难是，博罗季诺战役后，形势发生了根本性的变化。也就是说，如果俄军当时能得到后备力量的补充，就可一鼓作气击溃拿破仑的入侵军队。但是，库图佐夫却得不到增援。于是，在这次会议上，库图佐夫做出了保存军事实力、主动让出莫斯科的大胆决定，从而将法军引入莫斯科空城，最后迫使拿破仑大败而归。

朱可夫的一句话把大家的思绪引到 129 年前的战场。

"失去莫斯科并未失去俄国，为了祖国我下令退却。"这是库图佐夫的一句名言。现如今，这句名言被列在库图佐夫故居前的一座纪念碑上。

"我认为，我们现在面临的问题与当年库图佐夫的不同之处在于不是让出莫斯科，而是坚守莫斯科。"

朱可夫掷地有声的话语把大家的思绪拉回到残酷激烈的苏德战争的现实中来。朱可夫接着语气坚决地说："莫斯科毫无疑问能够守住。但至少还需要两个集团军以及坦克，哪怕数量不多也行。"

"你有这样的信心，这很不错。"斯大林拍了拍朱可夫的肩头，"你所要的两个预备队可以马上集中到你那里，但是坦克暂时还不能到达。"

斯大林在室内来回地踱着步子，接着又站到了被邀请来参加国防委员会会议的谢尔巴科夫身后说："谢尔巴科夫同志，您的看法呢？"

谢尔巴科夫坐在国防委员会委员的中间，虽然他不是在前线指挥作战的将帅，但是，从大家的话语里他也感受到了目前前线的紧张局势。

作为莫斯科市委书记，他思考的更多的是莫斯科目前的处境。他扶了扶眼镜说道：

"我认为前线的军人们是完全可以信赖的。对于莫斯科来说，目前首要的任务是必须尽快地颁布战时法令，以平息首都的混乱局面。同时，加紧莫斯科接近地第三道防线的建设，不仅在城市外围建筑成半环形的防御工事，并且在城市防御地区也加紧修筑三道防御地带，第一地带沿环城铁路，第二地带沿花园区，第三地带在街心公园区。"

"很好，这个做法我认为是可行的。只是有一点必须强调指出，前线的严重形势要求我们必须加快完成防御工事的构筑，越快越好。"斯大林说话的语调略微提高了一些。

在逐一询问了每一个国防委员会成员之后，斯大林回到长桌的一端，最后说：

"同志们，我们的意见是一致的，就是说，莫斯科一定要守。"

随即，斯大林口授了大家都很关心的关于在莫斯科及其毗邻地域实行特别戒严的决定。

在做出这一决定后，斯大林立即给东部各军区司令下令，抽调若干补充师来保卫莫斯科。他凭着记忆叫出了许多师的番号，有时也翻看一下小本子。

为了彻底消灭德国法西斯，斯大林就是这样日夜操劳，紧张地运筹帷幄。摆在这位世界反法西斯领袖面前的任务是何等艰巨啊！

两天以后，无线电台广播了，报纸上发表了，甚至莫斯科街头都张贴了国防委员会的决定，严厉警告面临的危险和即将到来的残酷血战。

"为了莫斯科防御的后方保障和巩固保卫莫斯科部队的后方以及为禁止特务分子、破坏分子和其他盟国法西斯间谍分子的破坏活动，国防委员会决定：

1. 自 1941 年 10 月 20 日起，在莫斯科市及其附近地区实行戒严……

……

4. 破坏秩序者，立即送交军事法庭处置，而策动破坏秩序的奸细分子、特务分子以及敌人的其他间谍分子一律就地枪决……

国防委员会坚决果敢的行动有力地回击了那些惊慌失措者和自私自利者。

为了击退德军，举国上下全力以赴。工人们为莫斯科保卫者们日夜制造武器，集体农庄的庄员们日夜不停地完成了收获庄稼的工作。来自各地的，甚至来自远东的运输兵团或部队的列车，日夜兼程从全国各个角落奔向莫斯科……

莫斯科本身也呈现了前线城市的景象。从 10 月 15 日起，每天都有几十个企业和机关通过铁路、水路和公路迁往东方。

由于莫斯科工人群众的爱国热忱和把敌人消灭在莫斯科城郊的必胜信念十分强烈，以至出现有些企业的部分工人反对东迁，甚至有一群居民在恩图齐阿斯特公路上拦住了由城里向东开的车辆，要求他们开回工厂去。车上的一位同志向他们解释了后撤的理由，反复讲述现在领导都仍坚守在岗位上，在通往首都的接近地正在构筑工事，谁也不愿把莫斯科让给敌人。

谁也不愿把莫斯科让给敌人，这是每一个莫斯科人、每一个军人和全体苏联人的共同愿望。

No.2 非常时期的激昂演说

十月革命节越来越近了。

苏联人民都在等待着在莫斯科举行隆重集会的消息，斯大林会不会发表演说呢？难道苏联人民会听不到首都发出的庄严的令人鼓舞的声音吗？

在这些日子里，只要两三个人聚到一起，谈论的话题总离不开莫斯科，离不开压在莫斯科上空的战争乌云。

人们盼望的一天终于来到了！

11 月 6 日 11 时 50 分，一列地铁列车缓缓地驶入马雅可夫斯基地铁站。

等到列车停稳之后，中间一节的车厢门打开，车里跳出斯大林的私人警卫，恭候在车门旁边。

斯大林缓缓地走出车厢。他身穿灰色的呢子大衣，没有戴帽子，已经有了几丝白发的棕黄色的头发梳得非常整齐，面色红润，双目炯炯有神，显示出一副从容的态度和大方的气派。

只见斯大林用他那深邃的目光扫视了一下地铁站大厅及周围站立着的群众之后，健步朝前边不远处的主席台走去。主席台上在座的有莫洛托夫、加里宁、贝利亚等人。

这时，站台里响起了一片掌声。随后，会议主持人莫斯科市委书记谢尔巴科夫宣布庆祝十月革命胜利24周年纪念大会开始。

当谢尔巴科夫宣布由斯大林同志做报告时，站内大厅又一次响起雷鸣般的掌声。

斯大林就在这雷鸣般的掌声中，健步走上讲台，以他那安详的微微发哑的声音开始了他的报告。

"同志们，从我们取得十月社会主义革命胜利，在我国建立社会主义制度以来，24年过去了……"

斯大林的声音在地铁大厅内回响着，长长的地铁站大厅里挤满了人群。他们当中有从最残酷的前线赶来参加庆祝大会的苏联红军代表，而更多的是莫斯科市民。大家都在凝神屏息用整个身心倾听着。

首先，斯大林讲到了战争开始4个月来苏联面临的严峻形势。他用沉痛的语气承认，由于战争，社会主义建设已经遭到巨大的阻碍，战场上的伤亡人数几乎已达170万。沉默了片刻之后，斯大林稍稍提高了声音，说：

"但是，纳粹鼓吹的所谓苏维埃政权正在崩溃是毫无事实根据的。相反，苏维埃的后方比过去任何时候都巩固。换一个国家，若像我们这样失去了这么多土地，它可能已经崩溃了。

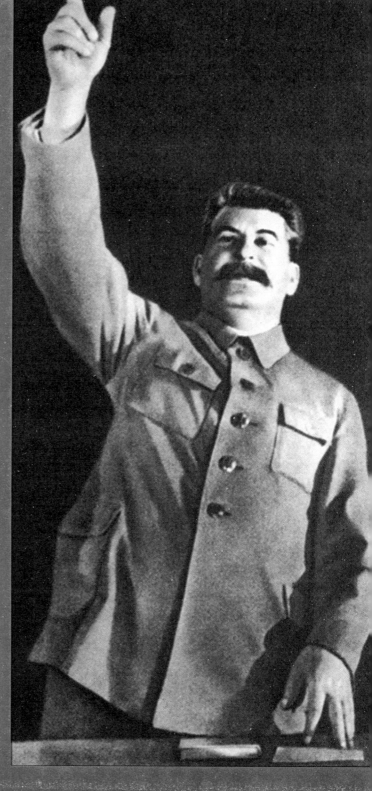

▲十月革命纪念日，斯大林发表了鼓舞士气的演讲。

但是，年轻的苏维埃仍然是顽强的！"

会场上顿时响起暴风雨般的掌声。斯大林做了一个手势，接着说：

"应该承认，摆在我们面前的任务仍然是很艰巨的。敌人还占领着乌克兰、白俄罗斯、波罗的海的一些地区，列宁格勒仍处于敌军的围困之中，莫斯科仍在受到威胁。"

说到列宁格勒，斯大林进一步说道："在列宁格勒防线和莫斯科防线，我们的部队不久前消灭了德国人近30个正规军师团，这表明在卫国战争的战火中我们年轻的陆海军正在锻炼、成长，并且造就出了一批新的英勇善战的指挥员，明天他们将成为德军的威胁。"

最后，斯大林用一种少有的激昂高声说道：

"德国侵略者要打的是一场反对苏联各民族的灭绝人性的战争。很好嘛！如果他们要打一场灭绝战，那就让他们打吧！我们的事业是正义的，胜利属于我们！……

"这些丧尽天良、寡廉鲜耻、道德沦丧、形同禽兽的人竟狂妄到号召消灭伟大的俄罗斯民族的地步，就是这个民族造就了普列汉诺夫和列宁！造就了别林斯基和车尔尼雪夫斯基！造就了普希金和托尔斯泰！造就了格林卡和柴可夫斯基！造就了高尔基和契诃夫！造就了谢切诺夫和巴甫洛夫！造就了列宾和苏里科夫！造就了苏沃洛夫和库图佐夫！"

他那充满自信的声音久久地在人们耳畔回响！

斯大林激昂的演说，通过无线电波传遍了苏联领土的各个角落。无论是在距莫斯科不远的西方方面军司令部，还是在莫斯科以南的西南方面军司令部，或是远在列宁格勒的西北方面军司令部里，红军指战员都守在收音机旁，激动地收听着……

No.3 红场阅兵式

莫斯科克里姆林宫，苏军统帅部大本营。

苏联政治局委员和国防委员会成员正围坐在一张长桌两边，秘密地举行军事会议。斯大林依然坐在长桌子一端。

11月7日，是伟大的十月革命胜利纪念日。按照传统，每年都要举行盛大的集会和庆祝活动。今天在敌人兵临城下，敌机不时成群出现在市区上空的情况下，这些活动还能举行吗？如果在敌人的威胁下取消庆祝，无疑是对苏联军民士气的一大打击；反之，如果在集会过程中因前线形势而被迫中断，甚至受到德军不顾一切的空袭，后果则更加不堪设想。

尽管局势严重，斯大林还是决定召集会议，就是否举行十月革命节庆祝活动及阅兵式进行商议。

斯大林扫了一眼满屋的元帅和将军，突然，他的目光在一位四十多岁、穿着大将军服的男子身上停住了。

"朱可夫同志，政治局和国防委员会有一个打算。今年的十月革命节，除了开庆祝大会外，我们还想在莫斯科举行阅兵。你认为怎么样？前线的形势允许我们搞这些活动吗？"

斯大林的话音刚落，长桌两旁所有的目光都集中到朱可夫脸上。因为，他是负责直接保卫首都的方面军司令员。

朱可夫从椅子上站了起来，明明暗暗的灯光将他那强健的身躯衬托得一清二楚。两道浓眉下的大眼睛炯炯有神。

朱可夫望着斯大林一双期待的眼睛，知道自己的回答所蕴含的分量。现在说的每一句话都事关重大。

朱可夫略为思忖了一下，斟酌了自己的用词，便坚定地回答：

"我认为这个想法是可行的。据我们的观察，敌人正在全线构筑防御阵地，并且在由于前一阶段的作战中兵力损失较大，因此，目前正处于调整补充兵力的阶段。可以说，敌人在最近几天内不会发动大规模的进攻。但是，危险仍然是有的，这就是敌人的空袭。"

说到这儿，朱可夫稍稍停顿了一下。斯大林跟着插上一句：

"那么，你对此有何建议吗？"

"我建议必须加强对空防御，增大高射炮的密度。同时还需要把歼击航空兵从友邻方面军调到莫斯科来，阻止敌机窜入莫斯科上空。"

斯大林一边听，一边不住地点头。在朱可夫说完之后，他放下手里的烟斗说："大家还有什么不同的意见吗？"

众人纷纷表示同意并做了补充。

最后，斯大林站起身来，坚定地说："看来大家的意见是一致的，阅兵式一定要搞。大家都知道，在目前的情况下，我们举行阅兵式意义有多么重大。我们就是要让希特勒看看英勇的苏联红军是打不垮的，我们要让全世界人们都知道红色的首都仍然在苏联人民的手中！"

11月7日清晨，天空乱云低垂，雪花飘舞。在初冬白茫茫的雾气中，莫斯科的公民们观看了独特的阅兵式。

这一天正是十月革命纪念日。

此时，德军就在首都几十公里之外。然而，就是在这敌人兵临城下的莫斯科，斯大林又一次采取了果敢而又不乏想像力的行动，照常在红场举行了阅兵式。

▲ 1941 年 11 月 7 日十月革命纪念日，斯大林目送着红军官兵从列宁墓前走过，受检阅的部队直接从红场开赴前线作战。

提到红场，可以说是苏联人民的骄傲，在苏联人民心目中是和平生活的象征。

据记载，红场原名"托尔格"，意为集市，这表明当年广场是集市所在地。此后广场曾多次易名。从 16 世纪起，它成了举行隆重仪式的场所，1662 年被改称为"红场"。在古斯拉夫语中，"红色的"一词原为"美丽的"意思。十月革命后，红色代表革命，因此，"红场"这一名称便有了新意。它和克里姆林宫一起成了苏维埃国家的象征。

整个红场占地面积并不是很大，长不足 700 米，宽只有 130 米。正面是克里姆林宫墙，对面是百货商店"古姆"，南面为波克罗夫大教堂，北面为历史博物馆。

克里姆林宫墙外，是用黑色花岗石砌起来的雄壮而朴素的列宁墓。1924 年 1 月 21 日，列宁在高尔克村逝世。他的遗体用火车运回了莫斯科。列宁墓的落成更给红场增添了肃穆的气氛。

纷纷扬扬的雪片从浓厚而低垂的云层中飘落。

部队在红场列队等候检阅，所有参加这次检阅的人都异常激动，因为敌人的机场就在首都附近。

簌簌飘落的雪花落在波克罗夫教堂巨大的圆顶上，落在雄伟壮观的红场上，落在红场上排成方阵肃立的红军战士身上，落在克里姆林宫墙内伊凡大帝钟楼尖尖的塔顶上。在弥漫的雪花中，塔尖上镶嵌着的一颗硕大的玛瑙石红星，显得凝重巍峨，格外醒目。

"当，当，当……"钟楼上的大钟连敲八响，浑厚的钟声顿时响彻在红场上空。

8时整，在莫斯科军民崇敬和激动地注视下，斯大林与政府高级成员登上了列宁墓。列宁墓两侧的观礼台上也站满了人。

这时，塔楼的大门打开了，苏联副国防人民委员、苏军元帅布琼尼骑着高头大马，在卫队护卫下，走出教堂塔楼大门。此次阅兵的检阅官就是这位骑兵元帅。

在最前面的一列检阅方队面前，布琼尼勒住了马缰。

这时，一位中将骑马来到他的面前，举手行礼："受阅部队指挥官阿尔捷米耶夫中将向您报告。受阅部队整队完毕，请校阅！"

布琼尼抬起一支胳膊，还礼之后，骑马检阅，并向检阅部队问候。

庄严肃立的指战员们个个精神饱满，英姿挺拔，纷飞的雪花落在他们的身上，凛冽的寒风扑打在他们脸上，他们依然纹丝不动。只有在检阅官向他们问候时，他们才不约而同地喊道："为苏联服务！"

检阅完毕，布琼尼骑马驰向列宁墓，向最高统帅报告。斯大林接受报告后，从衣袋中拿出一份讲稿，向所有检阅参加者发表阅兵演说：

红军和红海军战士、指挥员和政治工作人员、工人、集体农庄庄员、脑力劳动者同志们，在敌后暂时处在德国强盗铁蹄下的兄弟姐妹们，破坏德国侵略者后方的我们光荣的男女游击队员们！

我代表苏联政府和我们布尔什维克党向你们致敬，向你们祝贺伟大的十月革命胜利24周年。

远处，炮声隆隆；天空，苏联的巡逻机从头上飞过。斯大林依然威严地屹立在列宁墓上。

同志们！今天我们是在严峻的情况下庆祝十月革命24周年的。德国强盗背信弃义的进攻和强加于我们的战争，造成了对我国的威胁。不过，这并没什么可怕的。

接着，斯大林将目前局势与23年前的情况作了一番比较后，说道：

现在，我国的状况要比23年前好得多……因此，我们能够，而且一定会战胜德国侵略者，这难道可以怀疑吗？

讲到这儿，斯大林稍稍停顿了一下，环视着整个红场上伫立的队伍，用略微有些嘶哑的声音接着说：

红军和红海军战士、指挥员和政治工作人员、男女游击队员同志们！全世界都注视着你们，把你们看作是能够消灭德国侵略者匪军的力量。处在德国侵略者压迫下被奴役的欧洲各国人民都注视着你们，把你们看作是他们的解放者。伟大的解放使命已经落在你们的肩上。你们不要辜负这个使命！你们进行的战争是解放战争，正义战争。

斯大林深深地吸了一口气，他的声音变得更加暗哑和坚定：

让我们伟大的先辈——亚历山大·涅夫斯基、季米特里·顿斯科伊、库兹马·米宁、季米特里·波扎尔斯基、亚历山大·苏沃洛夫、米哈伊尔·库图佐夫的英勇形象，在这次战争中鼓舞你们！让伟大的列宁的胜利旗帜引导你们！
彻底粉碎德国侵略者！
消灭德国占领军！
我们光荣的祖国、我们祖国的自由、我们祖国的独立万岁！
在列宁的旗帜下向胜利前进！

斯大林抬起右臂有力地向前一挥。紧接着，在军乐声中，部队分列式开始。

从列宁墓前最先通过的是手握钢枪英姿勃发的军校学员方队，接着是穿着雪地伪装服的摩托化步兵，穿着深蓝色呢子大衣的水兵方队，全副武装的莫斯科武装工人支队……

斯大林的热情洋溢的演说，极大地鼓舞了全体官兵。苏军将士热血沸腾，高喊着："俄罗斯虽大，但已无路可退，后面就是莫斯科！"

在纵队的最后，坦克编队进入红场。隆隆的坦克声震撼着红场，震撼着每一个人。

斯大林默默地目送着眼前走过并消失在远方的队伍，可以感到在他冷峻的外表下，他的心中燃烧着一团火，他在心灵深处意识到在即将来临的殊死战斗时刻举行的这次阅兵的严肃和特殊的意义。它不仅对苏联人民，而且对全世界所有进步势力庄严宣告，莫斯科能够经得住任何考验，敌人最终将被打败。

检阅持续约 1 小时，许多部队直接从红场开赴前线，去迎接更加艰苦、更加残酷的战斗……

在莫斯科举行的庆祝伟大十月革命 24 周年的盛典，给首都的保卫者增添了新的力量。

▼苏军一辆 KV-1 型坦克正穿过莫斯科街道驶往前线。

第八章

兵临城下

　　斯大林命令朱可夫对德军实施不合时宜的反突击，朱可夫尽一切可能加强莫斯科地区的防务，积极做好各项反攻准备。"台风"再起，希特勒疯狂发动对莫斯科的总攻。苏联人民的优秀儿女不屈不挠，前仆后继，用鲜血和生命谱写了一篇篇悲壮的史诗。德军攻占了离莫斯科仅有 24 公里之遥的伊斯特腊，意味着莫斯科已处在德军的大炮射程之内。这时，德军用望远镜可以望见克里姆林宫的顶尖。德军的坦克开到了莫斯科城下。

No.1 拯救危局

在同朱可夫密切共事近一年时间以后,斯大林对他的无可否认的才干产生了深刻印象,已经把朱可夫看作当前最杰出的军事指挥员。

朱可夫关于德军即将发动进攻的预言性的警告,极大地提高了自己在最高统帅斯大林心目中的地位。正是朱可夫使斯大林确信可以在红场举行十月革命节庆祝活动。

在伏罗希洛夫、布琼尼等人都不能阻止德军的进攻的紧急关头,拯救危局的重担就落在了朱可夫的肩上!

什捷缅科将军对当时情形下的朱可夫发表了自己的看法:

他是一位有着杰出的指挥才能、胆略和独到见解的人。他实行他的决定是非常坚决的。为了追求这场战争所要实现的目标,无论遇到什么障碍,他也不会停步不前。当朱可夫觉得在某些引起争论的问题上自己正确的时候,他能相当尖锐地同斯大林抗争,而这是别人谁都不敢做的。

1941 年 11 月上半月,苏军最高统帅部采取了一系列步骤来挫败德军即将实施的对莫斯科的攻势。朱可夫继续加强莫斯科附近的防线,并调整了西方方面军的部署。朱可夫意识到自己肩负的重任。

斯大林在听完朱可夫的反突击计划之后,批准了这项计划,同时拨出 3 个空军师来支援这次作战行动。斯大林命令把反突击推迟 24 小时,以便使在朱可夫右翼作战的罗科索夫斯基的集团军完成其准备工作。重要的是,作战行动必须在两个地段同时发动,以防德军以其预备队实施机动。

在会见时,别洛夫表示急需增加一批自动武器,并且强调指出,德军在火力上明显超过苏军徒步作战的骑兵。斯大林答应给别洛夫 1,500 支自动步枪和 2 个新的 76 毫米口径火炮连。同时,最高统帅部把第 50 军配属给西方方面军,并把图拉的防御任务交给朱可夫负责。这就意味着朱可夫方面军的防御地带又大大加长了。

朱可夫开始从最高统帅部预备队得到新的补充部队和坦克部队,用来加强防线,其中有些部队刚刚在乌克兰执行作战任务归来。来自最高统帅部的部队,被集中使用在最危险的接近地上,特别是用在预计德军装甲兵团可能实施主要突击的沃洛科拉姆斯克－克林和伊斯特拉方向上。战士们领到了暖和的冬装——短大衣、毡靴、絮很厚的棉衣和有耳套的帽子。与此相反,衣衫单薄的德军已经被严寒折磨得瘦弱不堪了。

虽然西方方面军得到大量增援部队,到 11 月中旬已经拥有 6 个集团军,但部队分散在 600 多公里的战线上。朱可夫希望确保受威胁较大的地段的安全,并掌握一支方面军预

备队，以便在必要时实施机动。

作为一个现实主义者，朱可夫和往常一样极端谨慎，反对轻率的军事行动。敌人依然很强大，必须等待它主动发起新的进攻。朱可夫知道，德国人仍然坚信自己的一贯打法，肯定还是用坦克和机动兵团强攻两翼，从而包围莫斯科。显然，敌人的意图是在诺金斯克和奥列霍夫－祖耶沃地区实现合围。

尽管局势异常复杂，朱可夫还是向莫斯科报告：明斯克、斯摩棱斯克和维亚济马的悲剧不该重演，也就是要特别注意巩固两翼！但是，最高统帅提出了要求，在沃洛科拉姆斯克和谢尔普霍夫两个地区对两翼的德军集群给予先发制人的打击。

11 月 13 日，斯大林打来电话，使得朱可夫被迫猝然改变计划。

"敌人现在情况怎样？"斯大林问朱可夫。

"敌人突击集团的集中接近完成，看来很快就会转入进攻。"朱可夫答道。

"你认为敌人会在什么地方实施主要突击？"

"预计敌人可能从沃洛科拉姆斯克和诺沃彼得罗夫斯科耶地区向克林和伊斯特拉实施强大的突击。古德里安的集团军很可能试图绕过图拉，向韦涅夫和卡希拉实施突击"。

"我同沙波什尼科夫认为，"斯大林说，"应先敌进行反突击以粉碎敌人正在准备的突击。必须从北面包围沃洛科拉姆斯克，实施一次反突击，从谢尔普霍夫地区向德军第 4 集团军翼侧实施另一次反突击。看来，敌人在那里集结了大量兵力，准备向莫斯科突击。"

对斯大林的提议，朱可夫另有看法。

"我们使用哪些兵力来实施这些反突击呢?"朱可夫问道,"西方方面军没有多余的兵力,我们仅有固守已经占领的防线的兵力。"

"在沃洛科拉姆斯克地区,可以使用罗科索夫斯基集团军的右翼各兵团、坦克第58师、独立骑兵师和多瓦托尔指挥的骑兵军。在谢尔普霍夫地区,可以使用别洛夫的骑兵军、格特曼的坦克师和第49集团军的部分兵力。"斯大林提议说。

"现在不能这样做,"朱可夫说,"我们不能把方面军最后的预备队投入到没有把握取得胜利的反突击中去。当敌人的突击集团开始进攻时,我们将没有办法来增援我们的各个集团军。"

"你们方面军有6个集团军,难道这还不够吗?"

朱可夫回答说西方方面军的防御正面大大加长了,加上弯曲部,目前长达600多公里。在他的防御纵深内,特别是防线的中央,预备队很少。

斯大林说:"关于反突击问题,就这样决定了。今晚就把计划报上来。"

朱可夫本想再次试图说服斯大林,让他放弃这些不明智的反突击,因为这将消耗掉余下的预备队,可是斯大林却挂断了电话。

这次谈话让朱可夫感到很沮丧,原因并不在于斯大林没有考虑自己的意见,而是在为处于极大危险中的莫斯科的安全担忧。朱可夫心想,如果把预备队投入到这次没有把握取胜的反突击中去,要是把预备队全部消耗掉,苏军就无法增援防御上的薄弱地段了。这显然是很危险的。

大约15分钟以后,布尔加宁走进朱可夫的办公室,说:"唔,这次我受到了严厉斥责。斯大林对我说:'你同朱可夫骄傲了。但我们将设法管束你们!'他坚持要我立即来找你,立即组织反突击。"

朱可夫对布尔加宁说:"嗯,有什么办法,就这样啦!请坐,让我们把索科洛夫斯基叫来,并预先通知一下集团司令员罗科索夫斯基和扎哈尔金。"

两小时以后,方面军司令部向第16和第49集团军司令员以及其他主要指挥员下达了实施反突击的命令。

但几乎在同时,德军重新对莫斯科发动攻势。他们向莫斯科西北的加里宁方面军第30集团军的左翼发动了突击,同时向西方方面军的第16集团军的右翼和中部发动突击。

对于苏军其他部队来说,局势也是危急的。别洛夫说,第49集团军兵员不足,无法实施决定性的进攻行动。它的右翼3个富有作战经验的师(其中两个师已荣获近卫师的光荣称号),在最近的战斗中遭受了重大损失。近卫步兵第5师的步兵第765团只有120多名战士，而步兵第 60 师仅有 500 名战士。

别洛夫发现，他们得到的有关德军兵力的情报不准确，对德军兵力的估计过低。在沿纳拉河进行反复争夺的激烈战斗中，别洛夫同自己的司令部失去联系。别洛夫找到骑兵第 5 师师长巴兰诺夫少将，向他询问关于战斗进展情况。巴兰诺夫说，他的师实际上已被德军大部队挡住去路。别洛夫用巴兰诺夫的野战电话同另外几个师联系，从每个师都得到了类似的回答。原来，部署在每个机械化骑兵集群对面的德军，不是两三个营，而是至少有两个师。

这次主要由骑兵实施的反突击，未能取得最高统帅所预期的效果，德军的兵力仍保持了强大的攻击力。面对此种情况，朱可夫不得不下令脱离战斗。但是这一命令执行起来也颇费周折，在花费了很大精力后，总算达到了目的，同时还不得不变更卡希拉地区的部署。

朱可夫抓紧一切时间布置防务，补充人员、装备和过冬物资，积极为反攻做准备。从 11 月 1 日至 15 日，西方方面军共补充了 10 万名官兵、300 辆坦克和 2,000 门火炮，这些从内地调来的步兵和坦克集中使用在最危险的地段上，大部分部署在德军装甲坦克集团可能实施主要突击的沃洛科拉姆斯克－克林方向，以及伊斯特拉方向；另有一部置于图拉－谢尔普霍夫地区，以防德国坦克第 2 集团军和第 4 野战集团军的突击。

No.2 "台风"再起

11 月 13 日，几位德军的高级指挥官——东方战线各军团司令部的参谋长来到前线的奥尔沙市。哈尔德主持了这次会议。尽管许多将军对战场上所发生的情况表示担忧，但是他仍然坚持要执行希特勒的指示：在冬季到来之前消灭苏联。

哈尔德在会议上提出了 1941 年的"最长的"和"最短的"推进线：最长的直到迈科普、斯大林格勒、高尔基城和沃洛格达；最短的到顿河下游、唐波夫和雷宾斯克。无论如何要占领莫斯科地域。

希特勒之所以一再强调作战时限，是考虑到气候因素：从 11 月下旬起土地微冻，正是其快速部队重新得到机动自由的好时节。至于天气寒冷袭人对于作战所造成的不利影响，则要居于次要地位。

德军中央集团军群向莫斯科发动了新的进攻，参加的兵力有 51 个师，其中有 13 个坦克师和 7 个摩托化师，最激烈的突击在莫斯科以北地区进行。德军总的战役计划是：第 9

集团军牵制加里宁方面军并进攻克林，从北面包围莫斯科；第2集团军牵制西南方面军并占领图拉，从南面包围莫斯科；第4集团军在西面消灭莫斯科西面苏军。然后从南、北包抄，在莫斯科以东会师完成包围，最后几个集团军同时配合，正面进攻，一举占领莫斯科。

11月15日清晨，德军开始进攻克林，同时投入300多辆坦克进攻加里宁方面的第30集团军，而苏军在那里总共只有56辆轻型坦克，显然不足以抵挡德军的进攻。德军在此突破了苏军的防御。

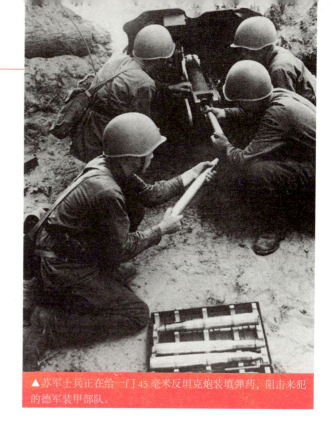
▲苏军士兵正在给一门45毫米反坦克炮装填弹药，阻击来犯的德军装甲部队。

几天后，德军占领了克林。几乎在同一时间，德军又从沃洛科拉姆斯克地区发动进攻。为了对付苏军的150辆轻型坦克，德军共投入了400辆中型坦克。双方展开了一场力量极不相衡的战斗。虽然苏军第16集团军打得十分顽强，但最终还是向后撤到了新的防线。

敌人显然要从北部合围莫斯科，形势已很紧张，但是朱可夫在向集团军新任司令员列柳申科交代任务时，依然表现得十分镇静。

朱可夫不慌不忙地向列柳申科解释道：10月，希特勒在莫扎伊斯克方向遭到失败，现在要偷偷地从北部迁回莫斯科。我们将在这里用防御战斗摧毁希特勒的坦克。而当预备队开来时，我们就可转入反攻。应当利用丛林地实施反冲击，特别是在夜间进行，这是敌人所害怕的。

在以后的两周里，德军在这一方向投入了很大的力量，但是没有取得什么结果。对列柳申科将军的顽强精神和出众能力，朱可夫表示非常赞许。

当苏军从克林撤退时，列柳申科向朱可夫请求部队增援，哪怕一个师也好。朱可夫的回答简短而明确："方面军现在没有预备队，请自己解决吧。"

紧接着，朱可夫给列柳申科下了道命令：把集团军司令部移到德米特罗夫城。

列柳申科看了看地图，突然紧张起来：在他们的正面有个缺口，该城正对着德军坦克楔形的尖端。这位果敢、坚毅的将军不由得对朱可夫的机敏才智表示敬佩，因为他明白：方面军首

长之所以决定将集团军司令部设在德米特罗夫，绝非偶然。当时已经准备用一些分队来封闭突破口。

列柳申科在前往德米特罗夫的途中，遇到几辆坦克，于是跳上头一辆KB坦克，指挥它们投入冲击。当然，集团军司令员是不应该驾驶坦克参加战斗的，但是没有别的办法，列柳申科的坦克被击毁了，他从急救舱爬出躲到坦克的底部，继续投入战斗。这时几支从莫斯科来的勇敢的志愿兵支队赶到，打退了德军的进攻。

在11月16日以后的几天里，对苏军来说形势变得极端危险。在德军不顾一切动用强大进攻力量，用坦克在先头开路，对苏军实施重大杀伤的情况下，苏军兵力更显不足，实力薄弱。

11月16日晨，德军突破了第30集团军的防御，开始向克林继续进攻，而且在克林没有苏军预备队来抗击德军。

这时，罗科索夫斯基正在指挥第16集团军作战，开始感到敌军对克林的压力越来越大。经过一系列几乎是不间断的作战和交火，罗科索夫斯基的集团军在兵员和兵器方面都遭到严重损失。而且，剩下的部队也已筋疲力尽。指挥人员和参谋人员疲劳得连站都站不稳了，只有在乘车从这一地段到另一地段的旅途中，才能打上一个盹儿。

为了改善集团军的态势，并阻止德军的推进，罗科索夫斯基认为自己的部队必须从伊斯特拉水库以西十来公里的阵地后撤到新的防线。在他看来,伊斯特拉水库、伊斯特拉河以及周围一带地区,共同构成了一条非常有利的天然防线。罗科索夫斯基认为,及时占领这条防线,将能借助为数不多的部队组织起坚固的防御,并能把一些部队配备到集团军的第二梯队,从而建立一个纵深防御地域,同时能省下一定数量的部队去加强克林方向的防御。

经过全面的考虑及与助手们的共同研究,罗科索夫斯基把他们的设想报告给方面军司令员,并请求允许他们后撤到伊斯特拉防线。

朱可夫大将听了罗科索夫斯基提出的建议和要求,断然表示不同意后撤,并命令他们要拼死据守,决不允许后撤一步。罗科索夫斯基没有料到他的老朋友朱可夫(原来还是他的下级),会拒绝他提出的后撤要求。

罗科索夫斯基感到非常失望,既不同意方面军司令员朱可夫的决定,但又认为后撤到伊斯特拉防线的问题非常重要,决定越过朱可夫直接找总参谋长。

于是,罗科索夫斯基直接找到总参谋长、苏联元帅沙波什尼科夫,向他详细说明他的建议是可行的。几小时以后,罗科索夫斯基收到了答复。沙波什尼科夫认为这项建议是正确的,他作为总参谋长批准实施这项建议。

得到总参谋长的许可以后,罗科索夫斯基立即起草了要部队在当天夜间把主力后撤到伊斯特拉水库防线的命令。为了掩护这次后撤,在原来的阵地留下了几支加强分队,等到掩护任务完成以后,他们只有在受到敌军压力的情况下才可后撤。

朱可夫对此迅速作出了相应的反应,给罗科索夫斯基发了一封简短的电报:

方面军的部队是由我指挥的。我撤销关于部队后撤到伊斯特拉水库对岸的命令。我命令在已占领的防线上进行防御,不得后撤,一步也不得后撤。

朱可夫大将

罗科索夫斯基最终还是服从了朱可夫的指挥。

朱可夫当时不准第16集团军后撤到伊斯特拉河对岸,是有着深刻的原因。第16集团军是否后撤,不仅要考虑这个集团军本身的利害,而且要依据整个方面军的态势来做出决定。这个集团军一旦撤过伊斯特拉河,第5集团军的右翼就将暴露出来,而且方面军司令部所在地佩尔胡什科沃方向将失去保护。出于以上的全面考虑,朱可夫才作出以上决定的。

德军开始向第16集团军左翼施加更大的压力,迫使苏军向东退却。

No.3 英勇不屈的卓娅

苏联红军在前线的抵抗一天比一天变得更为顽强，就连战线后方的大片土地，德军也无法视之为已经占领或已经征服的地方。这片土地完全可以被称为第二战场。因为那里到处都展开了武装斗争——有的公开，有的隐蔽，但其激烈和顽强的程度却是空前的。

在密林深处和人迹罕见的沼泽地带，共产党地下组织领导的全民游击运动也蓬勃开展起来，把被希特勒军队占领的苏联各州的居民吸引到这场逐步展开、声势日益壮大的斗争中来。

这是一股不可征服的威慑力量，使侵略者遭到了毁灭性的打击。实际上，德国侵略者把手伸到哪里，哪里就变成了战场。

◀ 被苏联游击队员焚烧的德军驻地。

在伟大的卫国战争过程中，涌现了许多与敌人英勇战斗的优秀儿女，卓娅·柯斯莫吉明扬斯卡雅就是他们的杰出代表。

1923 年，卓娅出生于苏联泰本包夫省的欧西诺夫·嘎依村。1932 年，她和家人一同搬到莫斯科，并在那里进了学校。在莫斯科上学期间，卓娅从小学到中学，一直是一个成绩优秀的好学生。

1938 年 10 月，年轻的卓娅加入了列宁共产主义青年团，实现了她盼望已久的愿望。但是，做一名光荣女教师的梦想却被德国法西斯的铁蹄碾碎了。

伟大的苏联卫国战争开始了！

卓娅离开了学校到包利茨工厂去工作。以后她考入了护士学校，准备在这方面尽自己的力量为祖国服务。

这一年的冬天异常寒冷。1941年11月16日,德军向苏联首都莫斯科发动了第二次进攻,莫斯科城内已经可以听到隆隆的炮声。

热忱、纯洁、勇敢、聪慧的卓娅,就在这时候立即行动起来了!

一个夜深人静的晚上,卓娅对母亲说:"妈妈,我要到前线上去参加游击战争……妈妈,你也知道,当法西斯向莫斯科冲来时,我们是不能袖手旁观的。"

母亲望着女儿一双渴求的大眼睛,她深深地懂得女儿的心,最后终于应允了女儿的请求。

在临行时,卓娅向母亲告别说:"妈妈,你为什么要流泪,不是你对我说过,我应当成为一个英勇而诚实的人么?妈妈!我是为我将与法西斯斗争而自豪的,而你也应当以自己的女儿能够上前线而自豪才是。请不要含着眼泪给我送行吧!"

▶ 年仅 18 岁的女游击队员卓娅。

就在第二天的清晨,卓娅愉快、兴奋地踏上了伟大的路途。

卓娅离开家后,立即潜入德军占领区,到达维列亚区,和游击队活跃在森林里,在冰天雪地的困难条件下和德军进行英勇的战斗,给予德军以无数次的沉重打击。

就是这样,卓娅在当时还总认为自己做的工作太少。于是,她决定潜入莫斯科州维林司科地区的彼特立舍沃夫村去,因为在那里驻扎着许多的德军。

一天晚上,卓娅秘密潜入村庄。她首先把驻扎在这一地区的德军的军事联络电话线割断了,接着很快地烧毁了拴有七十多匹骡马的德军马棚,给予当地的德军以严重打击和威胁。

第二天晚上,卓娅又一次悄悄地潜入村子里,这次她要完成烧掉德军骑兵部队拴有200 匹骡马的马棚的任务。

当她正把汽油瓶取出浇到马棚上面,弯身点火的时候,不幸被一个德国士兵发现而被捕。

◀ 坚贞不屈的卓娅被德军士兵押往刑场。

当天晚上，德国士兵惨无人道地剥去了卓娅全身的衣服，五个人用皮带轮番地抽打她，逼她供出游击队的所在地。

"你是什么人？"一名长着一撮小胡子的德国兵扳起卓娅的头问道。

"我不告诉你。"卓娅用力把头摆向一边。

"昨天放火烧马棚的可是你？"

"是的，是我。"

"你的目的何在？"

"消灭你们！"

接下来，便又是一阵雨点般的抽打声。

具有坚强意志的卓娅在德军的皮鞭下，始终回答"我不知道"。

万般无奈之下，德军结束了对卓娅所施的毒刑。这时，卓娅已是遍体鳞伤，皮开肉绽。

随后，卓娅被押到另一处地方。但她遭到的仍然是德军们软硬兼施的迫害，有的用拳头打她，有的用火柴烧她的下颚，有的用锯子在她脊背上来回地划……有时甚至在深更半夜把她从屋里拖出去，在寒风刺骨的雪地上站上半个钟头。但是，英勇的卓娅始终不屈服。

1941年11月29日早晨，北风呜呜地刮着，掠过白茫茫的田野，发出凄厉的尖叫。

遍体鳞伤的卓娅被德军带到了立有绞架的广场，被押上了绞刑台。

在绞架下面，堆叠了两个箱子。刽子手把卓娅拖到箱子上，然后把绳子套上她的脖子。

卓娅在生命即将结束以前，向在场的苏联人民发出洪亮的呼唤：

"同志们！你们为什么看得这样的不快活呢？更勇敢些起来进行战斗吧！打死德国法西斯，烧死他们，毒死他们吧！"

"我并不怕死，为了自己的人民而死，这是光荣的！"

这时，卓娅掉转头，怒视着站在她身旁的德军，继续说：

"现在你们把我吊死，但是我并不是孤独无援的，我们有着2万万的人口，你们不能把他们全部吊死的。他们是会替我报仇的，胜利是属于我们的！"

慷慨激昂的声音久久地回荡在广场上空……

这时，刽子手使劲地拉着绳子，绳套紧紧地扣在卓娅的脖子上。

卓娅感到呼吸越来越困难。即便这样，她仍然使出全身所有的力气，用她那已略微有些沙哑的声音继续高呼：

"同志们！告别了！努力奋斗！不要害怕！斯大林和我们在一起！斯大林是一定会来的……"

嘶哑的声音终于随着绞绳的缩紧而断绝了。

年仅18岁的卓娅和苏联人民永别了！

你躺在雪里，

你，

为我们献出了一切，

从容地牺牲了，

明朗美丽的面庞，

为了英雄的战衣，

成了我们敬爱的人，

真理与力量的象征，

也是我们的信念，

你死得是多么崇高啊！

这是苏联诗人阿丽盖尔献给卓娅的诗篇，也表达了全苏联人民的心声。

No.4 离克里姆林宫一步之遥

1941年的冬季来得比往年都要早，而且要比往年都更寒冷。狂风卷着雪花覆盖了苏联大地，一阵更比一阵寒冷的气流侵袭而来，使得每个人连气也透不过来。

◀ 德国陆军参谋长哈尔德将军。（左图）

◀ 德军中央集团军群司令冯·博克元帅。

在伏尔加河水库以南，疯狂的德军突破第 30 集团军的防御，以其坦克和摩托化兵团迅速推进，扩大突破纵深。同时，德军向索尔汉奇诺戈尔斯克方向强攻，从北面合围伊斯特拉水库。

处于这一方向的苏联部队的实力都很弱，兵员不足，有的摩托化步兵师仅有 300 人左右，有的坦克师没有坦克，有的坦克旅只有 12 辆坦克。

与此相反，德军投入了 6 个师（3 个坦克师、2 个步兵师和 1 个摩托化师），对苏军发动了猛烈进攻，克林和索尔汉奇诺戈尔斯克方向的形势变得极端危险。

德军尽管向前推进了，但同时也出现了许多不祥的迹象。部队已经被连续的战斗和严酷的寒冬弄得疲惫不堪，德国军官们对自己能否取胜忧心忡忡。

最令德国人不安的是，德军的补给品奇缺，特别是缺少冬装和在严寒条件下维护武器装备所必需的必备用品。严寒使得武器装备不能发挥作用：坦克的光学瞄准具失灵，发动机必须经过预热才能发动（德军在坦克下面安装了火炉）。

11 月 23 日，古德里安去见中央集团军群司令官冯·博克元帅，要求推迟进攻日期，建议部队转入防御，直到第二年春天。理由是部队已经筋疲力尽、没有冬装、补给系统运转不灵，以及缺少坦克和大炮。

冯·博克打电话向陆军总司令冯·布劳希奇报告，遭到后者的断然拒绝。显然，他们都赞成继续进攻。

在伊斯特拉方向，德军 400 多辆坦克和大量摩托化步兵向罗科索夫斯基将军的军队发起了进攻。具有强大的突击力的德军集团，采取密集的战斗队形向前推进。抗击德军坦克前进，成了苏军最急迫的任务。

朱可夫临危不乱，迅速果断地从其他作战地段调来了部队，包括坦克群、炮兵连、高炮营和手持反坦克枪的士兵，前来支援。

别洛博罗多夫上校的步兵第78师、潘菲洛夫将军的步兵第36师在战斗中都立下了不朽的功勋。第16集团军虽然伤亡惨重，但仍坚守着祖国的每一寸土地，顽强地抗击德军的进攻。他们边撤退边组织反突击，以此削弱敌人的兵力。

朱可夫继续在莫斯科附近积聚预备队，2个新的集团军已经做好战斗准备，随时可以发动反击。朱可夫把第20集团军部署在洛布纳、斯霍德纳和希莫克地区，指示别洛夫的骑兵军进入阵地。

11月27日，在得到步兵部队和坦克部队的增援后，朱可夫所部对德军坦克第2集团军发动反击，把它赶到卡希拉以南30公里的地方。

当天，德军攻占了离莫斯科仅有24公里之遥的伊斯特拉。这是德军在这次大战中所到达的离莫斯科最近的地点。这意味着莫斯科已处在德军的大炮射程之内。这时，德军用望远镜可以望见克里姆林宫的顶尖了。

德军的坦克离莫斯科越来越近。

德中路军总指挥冯·博克元帅，得到自己的先头部队已攻入伊斯特拉的消息之后，异常高兴。

在指挥部里，他一边来回走着，一边自言自语：

"看来，苏军在莫斯科城下的防御已经处于危机的边缘，我们到莫斯科红场上阅兵的日子指日可待了！"

说完，冯·博克朝副官一挥手说："赶快给我备车，我要到那里去视察我的部队！"

几个小时之后，博克的车队开进了满目疮痍、弹坑累累的伊斯特拉，在一座教堂前戛然而止。

走下汽车，博克抖了抖身上的皮大衣，在一群高级军官的陪同下，进入教堂塔楼。

登上塔楼顶部，随同的攻占此地的坦克师师长递来一架高级望远镜说："元帅阁下，从这里你将看到克里姆林宫。"

博克用他那戴着皮手套的手接过望远镜，贴近眼睛，认真地看了起来。

"啊！……"只听博克惊叹一声：

"看到了，看到了，红星…那不就是克里姆林宫吗？"博克突然大声地喊道。由于处于极度的兴奋状态下，他的全身情不自禁地颤动起来。他日思夜想的莫斯科此时正尽收眼底。

看了许久，博克才拿下望远镜。他随即对身边的坦克师师长吩咐说：

"快准备一些 200 毫米的远程炮，给我狠狠地炮轰莫斯科！"

由于德军在几个不同的地段进抵到离莫斯科 35 公里以内的地方，朱可夫的西方方面军的态势急剧恶化。居住在莫斯科西北区的居民，能够清晰地听到炮声。

11 月 29 日，苏军夺回了曾经丢失的罗斯托夫，迫使德军不得不从其他地段抽调部队，而此时正值德军最需要集中兵力向莫斯科发动大规模进攻的时候。因此，苏军在其他战区的反击减轻了德军对莫斯科的压力，支援了朱可夫大规模反攻计划的实施。

据统计，从 1941 年 6 月 22 日到 11 月 26 日起，德军步兵兵力已消耗过半，每个连队的兵员仅有五六十人。此时德军已经开始力不从心了。德军一些高级将领已经看出端倪，要求立即转入防御，把进攻日期推迟到第二年春季。但是德军统帅部断然否定了这种建议。当德军南方集团军群的坦克第 1 军请求后撤到从塔甘罗格经米乌斯到巴赫穆特河口一线的时候，希特勒没有表示同意。统帅部里的紧张气氛达到令人无法忍受的地步。

希特勒对苏德战局越来越感到焦躁不安。在此之前，陆军总司令冯·布劳希奇受命面见元首的时候，就已经感受到希特勒的焦躁情绪了。

在这次见面中，希特勒一直是一个人在讲话，不停地训斥，而坐在一旁的陆军总司令除了屈从，根本没有别的选择。希特勒下令不得将坦克第 1 军后撤一步。

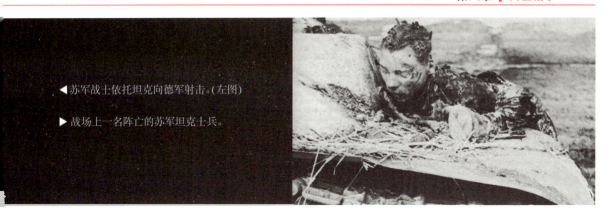

◀苏军战士依托坦克向德军射击。(左图)

▶战场上一名阵亡的苏军坦克士兵。

接到这一命令，南方集团军群司令冯·龙德施泰特元帅抗争说不能执行这项命令，要么撤销这道命令，要么解除他的职务。

结果在第二天，冯·龙德施泰特就被解除了南方集团军群司令官的职务。

虽然德军的进攻受创，但是对莫斯科的威胁仍然没有减轻。德军继续缓慢地向前推进，日益逼近莫斯科。

当德军在与加里宁方面军交战中再一次得手后，斯大林很快给朱可夫打来电话说："你坚信我们能够守住莫斯科吗？"

还没等朱可夫回答，斯大林语气缓慢地继续说："我是怀着沉重的心情问你这个问题，希望你作为共产党员诚实地回答我。"

"毫无疑问，我们能够守住莫斯科！斯大林同志！"朱可夫斩钉截铁地说。

此时，斯大林的心情似乎也稍轻松了一些："你能有这样的信心，很好！"

"但是至少还需要增加2个集团军和200辆坦克。"

斯大林同意在11月底前给朱可夫再增加2个集团军，只是要求他与总参谋长沙波什尼科夫商议这2个新增的预备队集团军部署到哪里。至于朱可夫要求的200辆坦克，斯大林认为现在暂时还不能兑现。

朱可夫和沙波什尼科夫决定把新编成的第1突击集团军集中在亚赫罗马地区，第10集团军将集中在梁赞附近。

战斗仍然激烈地进行着，前线的状况瞬息万变，非常复杂。虽然最高统帅部把保卫莫斯科的重任交给了朱可夫，但是斯大林却无时无刻不在注视着战场的变化，有时甚至直接指挥。

一次，斯大林不知从什么地方得知，西方方面军放弃了与莫斯科近在咫尺的杰多夫斯克城。斯大林听到这样的消息，自然坐立不安。因为11月28和29日，近卫步兵第9师还顺利地打退了德军的多次冲击。可是只过了一昼夜，杰多夫斯克居然又落到德国人的手里……

最高统帅打电话问朱可夫："你知道杰多夫斯克被敌人占领了吗？"

"我不知道，斯大林同志。"

"司令员应当知道在他的前线发生了什么事情。"斯大林顿时生气地说，然后以命令的口气对朱可夫说："你赶快到现场去亲自组织反冲击，收复杰多夫斯克。"

对于斯大林突如其来的情报和命令，朱可夫感到有些茫然无措，试图予以反驳："在这样紧张的情况下，我离开方面军司令部未必慎重。"

"不要紧，我们会想办法应付，这期间由索科洛夫斯基暂时代替你。"斯大林不容有任何商量地回答。

放下听筒，朱可夫马上问担任该地区防御的罗科索夫斯基，为什么方面军司令部对放弃杰多夫斯克的事一点都不知道？经过调查，事情很快就弄清楚了，原来杰多夫斯克城并未被德军占领。斯大林可能是把杰多沃村听成杰多夫斯克城了。

事情既然弄错了，朱可夫决定给最高统帅打电话，澄清事实真相，斯大林却大发雷霆。斯大林不仅要求朱可夫立刻出发，把这个居民地一定从敌人手里夺回来，而且还要求他带上第5集团军司令员戈沃罗夫同去，以组织炮兵火力支援。

在这种情形下，朱可夫的反对或者解释都没有意义了。为了不再使这种无谓的争论进行下去，朱可夫只好扔下手中的工作，同戈沃罗夫、罗科索夫斯基一起驱车来到别洛鲍罗多夫的师。师长向他们汇报了德军占领杰多沃村深谷那边几幢房子的情况。朱可夫命令别洛鲍罗多夫派一个步兵连和两辆坦克把占领那几幢房子的一排德军赶走。

朱可夫受命离开方面军司令部后，参谋长索科洛夫斯基连续接到斯大林三次电话，问朱可夫目前在哪儿。

显然，斯大林已经觉察到自己刚才的行为不太妥当，立即打电话催促朱可夫马上返回方面军司令部。

第九章

苏军大反攻

朱可夫连夜制订反攻计划，斯大林对呈报的计划未做任何修改，立即签字批准。苏军反攻计划的核心是消除莫斯科面临的威胁，并并一步扩大战果，尽可能把敌人向西赶得越远越好。古德里安后来把失败归因于他的部队的疲惫、气候的极端寒冷、缺乏燃料以及朱可夫的西伯利亚预备队及时赶到。德军官兵中间弥漫着越来越浓厚的悲观气氛。斯大林下令苏军实施大规模反攻，犹如风卷残云，迅速突破各路德军战线。德军遭到第二次世界大战以来的第一次大失败，希特勒"闪电战"不可战胜的神话从此被打败。

No.1 反攻计划应运而生

德军占领克林以后，转而进攻索尔汉奇诺戈尔斯克，负责守卫的罗科索夫斯基的第 16 集团军迅速组织防御。这时，方面军从其他地段抽调了一切可能抽调的力量，来加强防御。这些增援部队使得罗科索夫斯基能够建立起一条坚固的防线。

此时，根据许多迹象，朱可夫判断德军已经精疲力竭，基本丧失突击力，正在休整。德军停止前进，必然要在莫斯科附近就地设防：挖壕拉铁丝网、敷设雷场。为了把德军赶出筑垒地带，就需要投入许多兵力。

朱可夫意识到，在当前情况下，一定要抓紧时间，早日制订在莫斯科城下歼灭敌人的计划，不容有任何的耽误。

直到 11 月底以前，最高统帅部和各方面军，特别是西方方面军还都没有制订出进行一次大规模反攻的计划。直到那时为止，朱可夫和其他领导干部都在全力以赴地制止德军在莫斯科附近的猛烈进攻。

11 月 29 日，朱可夫给斯大林打电话，汇报情况，要求把第 1 突击集团军和第 10 集团军从最高统帅部预备队拨给西方方面军指挥，并请求最高统帅下令开始反攻。

斯大林听得很认真，然后问朱可夫："你确信敌人已接近危急状态了？敌人有没有可能投入新的重兵集团呢？"

朱可夫当即回答："敌人已极度虚弱。但是，如果我们现在不消除敌人楔入的危险，德国人将来可能从其'北方'集团和'南方'集团抽调强大的预备队来加强在莫斯科地区的军队，那时局势可能严重复杂化。"

斯大林听后，决定与总参谋部再商量一下。

当天夜晚，朱可夫接到通知，最高统帅部已决定开始反攻，并要朱可夫呈报反攻战役计划。

第二天早晨，朱可夫把反攻计划报告了最高统帅部。斯大林对计划未作任何改变，只写"同意"，便签字批准了。

朱可夫原计划在新的集团军到达并在指定地域集中之后，于 12 月 3 日夜间至 4 日凌晨开始反攻，以达到钳制当面敌军，阻止德军从这里调走部队的有限目标。作为这次反攻的先决条件，必须阻止住莫斯科西北和卡希拉方向上敌人的推进。但实际上，由于必须反击德军在纳罗－佛敏斯克附近的突破，这次反攻被推迟到 12 月 6 日才实施。

朱可夫的反攻计划的核心是：西北面收复克林、索涅奇诺戈尔斯克，西面解放伊斯特拉，南部解除德军对图拉的包围，从而消除莫斯科所面临的威胁，并进一步扩大战果，尽可能把敌人向西赶得越远越好。

▲在莫斯科，苏军炮兵在雪地里推着反坦克炮行进。

朱可夫的具体部署如下：

第1突击集团军归库兹涅佐夫中将指挥，在消灭了突破到莫斯科伏尔加运河的德军以后，于德米特罗夫—亚赫罗马地区展开。在第20和第30集团军协同下，向克林方向实施突击，尔后向捷里亚耶沃斯洛博达的总方向进攻。

第30集团军的任务是打垮罗加切夫和博尔谢沃地区的德军，协同第1突击集团军夺取雷谢特尼科沃和克林，并进而向科斯特利亚科沃和洛托施带进攻。

第20集团军从红波利亚纳—自拉斯特地区出发，与第5突击集团军和第16集团军协同，向索尔涅奇诺戈尔斯克总方向实施突击，从南面夺取该城。尔后向沃洛科拉姆斯克实施突击。此外，第16集团军右翼向克留科沃推进，尔后向伊斯特拉方向突击。

第50集团军在图拉地区进行防御，主要任务是向博洛雷沃—谢基诺方向进攻，尔后依据情况行动。别洛夫的战役集群从莫尔德韦斯出发，在第10和第50集团军民配合下向韦涅夫实施突击，尔后向斯大林诺哥尔斯克（新莫斯科斯克）和送迪诺沃突击。

第10集团军部署在谢烈布良内耶普鲁德—米海伊洛夫一线，首先进攻乌兹洛瓦亚和博哥罗迪次克，尔后继续向乌帕河以南进攻。

就这样，最高统帅部提供的新部队投入了对德军"北方"和"南方"集团各兵团的作战。

正在战线中部进行防御的西方方面军的4个集团军，即第5、第33、第43和第49集团军，被赋予的任务是钳制德军，使其无法自由调动，因为苏军这4个集团军严重缺员，无法执行更有决定意义的行动。

在苏军大反攻前夕，苏德双方在莫斯科附近的兵力情况是：苏军共有 110 万人、7,652 门火炮、774 辆坦克、1,000 架飞机；德军共有 170 万人、13,500 门火炮、1,170 辆坦克、615 架飞机。

虽然德军兵力优于苏军，但是战线拉得太长（达 1,000 公里），两翼的突击部队相距 200 公里，兵力分散。而苏军兵力却比较集中，即使在莫斯科防御战最困难的时刻，他们仍然严格限制使用预备队，以保存实力，等待时机，打击敌人。

德军企图从南、北两翼包围并占领莫斯科的计划受挫后，决心在 12 月 1 日从苏军防线的中央部单刀直入，正面突入莫斯科。进攻当天，德军部分部队曾突破苏军防线达 25 公里，但是很快又被迎面赶来的苏军歼灭了。德军的许多坦克，有的在地雷场被炸毁，有的被炮兵火力消灭。苏联第 1 突击集团军发动了几次快速反击，在亚赫罗马地区把德军赶过了莫斯科伏尔加运河，从而阻止了希特勒军队在莫斯科南北两个方向上的进攻，使他们的钳形攻势无法在首都莫斯科以东形成合围。

12 月 2 日上午，斯大林在电话中问朱可夫："方面军司令部对敌人及其战斗力怎样估计？"

朱可夫回答说，敌人已经到了筋疲力尽的地步，显然它没有预备队来加强它的突击集团了。没有预备队，希特勒的军队就无法发动进攻。

斯大林说："好吧，我还要再给你打电话。"

朱可夫意识到最高统帅部正在考虑苏军下一步的行动。

过了大约 1 小时，最高统帅又打来电话，询问方面军今后几天的计划是什么。朱可夫报告说方面军的部队正在进行准备，以便按照已获批准的计划发动反攻。斯大林还告诉朱可夫，已命令加里宁方面军和西南方面军的右翼支持朱可夫的西方方面军，打算让所有这些大部队同时发动突击。

尽管遭到挫折，但德军指挥部还不认为它的攻势已经失败。冯·博克元帅在 12 月 2 日发布的命令中说：

"敌人把整团整师的部队从战线不那么危急的地段调到比较危急的地段，企图借此来缓和他们的困境。仅仅在一个地段发现有小量新的增援部队到达……敌人的防御处在危机的边缘。"

这时候的博克，就像输红了眼的赌徒，派军队拼命突破，声称"要战斗到最后一个营"。

德军指挥部分析，要想突破苏军防线并有新的进展，必须首先除掉位于突出部的著名军火工业城市——图拉，然后才能实现其他目标。为达到这一目的，古德里安开始对这里施加更大的压力。12 月 3 日，德军切断了通往莫斯科的铁路和公路，终于将图拉合围了。

德军合围成功后，受命承担保卫图拉的鲍尔金将军很快接到方面军司令员朱可夫的电话。

"鲍尔金同志，"朱可夫说，"如果我没记错，这一回是你第 3 次被合围了，这是不是太多了？我已经告诉过你，让你的司令部迁到拉普待沃，可你是个木头脑袋，不肯执行我的命令……"

"司令员同志，"鲍尔金回答说，"倘若我和我的集团军司令部迁走了，古德里安早就把这块地方占领了。态势会比现在坏得多。"

随后的好几分钟，话筒里杂音响个不停，最后终于又能继续通话了。

"你正在采取哪些步骤？"朱可夫问道。

鲍尔金报告说，第 258 师步兵第 999 团已采取行动，以扫清莫斯科公路，而且正在对卡希拉附近的德军发动进攻。

"你需要什么帮助吗，"朱可夫又问道。

"我可以请求您把格特曼坦克师的坦克沿莫斯科公路向南调动，接应步兵第 999 团吗？"

"很好，我将这样做，"朱可夫说，"不过你也把你的本事拿出来吧。"

西亚佐夫（第 258 师师长）每隔 1 小时左右就给朱可夫打 1 次电话，汇报战况。空前激烈的战斗一直持续了 17 个小时，终于传来捷报。欢欣鼓舞、心情激动的西亚佐夫向朱可夫报告说："司令员同志，韦杰宁（团长）刚打来电话说，他的部队跟格特曼的坦克部队会师了。图拉－莫斯科公路可以恢复通车了。"

德军对图拉的所有进攻都失败了。古德里安后来把失败归因于他的部队的疲惫、气候极端寒冷、缺乏燃料以及朱可夫的西伯利亚预备队及时赶到。

12 月 4 日晚，斯大林再次与朱可夫通话，亲切地问道："除去已经给了你们的，方面军还需要什么？"

朱可夫意识到，再要求大量增加新部队已经来不及了，现在最重要的是得到最高统帅部预备队和国土防空军司令部的空中支援。朱可夫认为，要迅速扩大突击的战果，至少必须有 200 辆配有乘员的坦克，而西方方面军只有数量有限的坦克。

"目前没有坦克给你们，但是可以给航空兵。"斯大林回答说，"我立刻打电话给总参。请注意，12 月 5 日加里宁方面军将转入进攻，12 月 6 日西南方面军的右翼战役集群将从耶列茨地区发动进攻。"

到了这个时候，西方方面军对面所有地段上的德军都遭到严重消耗，因而开始转入防御，而愈战愈勇的苏军却已经做好对筋疲力尽、冻得半死的敌人发动强大反攻的准备！

No.2 突降严寒

时令正值隆冬，寒冷的天气比往年都要更加恶劣，气温已经下降到零下 30℃，鹅毛大雪终日下个不停，广阔的原野银装素裹，呈现出一幅苏联冬天常有的景象。

在朔风凛冽、遍地冰雪的莫斯科郊外，浑身冻得麻木的德军官兵遥望着西边的天空，急切地期待着后方早日给他们送来冬装和食物。

在零下 20 多度的冰天雪地里，衣衫单薄的德军士兵瑟瑟发抖。他们现在已经冻得再也不能忍受了！

时间在一天天地过去，气温也在一天天地下降，可士兵们翘首盼望的冬衣却迟迟不见踪影。

早在 9 月 29 日，在"台风"战役即将发起前夕，德军陆军总部根据情报部长和气象部长提供的资料，认为莫斯科地区入冬前可能连降大雨，使冬天提前到来。因而，他们向希特勒建议应抓紧时间，突击生产 300 万套防寒棉衣。

希特勒听完他们的建议后，哈哈大笑地说："我相信，冯·博克元帅的士兵很快就要行进在俄国首都的大街上了。"

然而，两个月的时间过去了，德军不但没有行进在莫斯科的大街上，反而却在莫斯科

▼ 1941 年 11 月，苏军 45 毫米反坦克炮兵在对德作战中取得了不俗的战绩。

郊外的掩壕中瑟瑟发抖。严寒，即将使希特勒在莫斯科城外的战线崩溃。

由于军需工厂根本没有生产军队作战用的冬服，战略后方仓库也没有储备，绝望中的德国兵开始使用武力，在被占领区的人民中间进行掠夺搜刮。然而，这些衣物只不过是杯水车薪。

有幸得到一件冬装的官兵，还勉强可以暂且御寒，而那些大部分没有得到冬装的官兵处境则更惨了，只有眼巴巴地看着一批又一批的官兵冻倒在雪地里。

12月初，气温降到了零下40℃。可怕的无休止的寒冷超过了人体所能承受的限度，数以千计的德国士兵被冻成残废，染上了使人寒战不止、全身无力的疟疾。越来越多的冻伤的德国官兵倒在雪地中，歇斯底里地呜咽着："我再也挨不下去了！我实在挨不下去了！"

眼瞅着莫斯科已经是指日可下，更确切地说，莫斯科现在几乎已处在德军火炮的射程之内，严寒却紧紧地卡住德军在各地的攻势。

而在此时，身披白色滑雪衫的苏军新的预备队却源源不断地开到莫斯科城下，接替损失惨重并且疲惫不堪的苏军兵团和部队。他们个个穿得暖暖的，足以御寒；他们的机枪披着枪套，以防止寒流的侵袭；他们的武器加上冬季润滑油，使用灵活；更重要的是，他们有大量威力强大的T-34型坦克群的支援。这种T-34型坦克正是为了在这种严寒条件下作战而特地设计制造的。

这时，德军司令官冯·博克元帅终于明白，他们的部队再也支撑不下去了。此时气温已降至零下40℃，他的部队冻死冻伤过半，没有燃料和弹药，坦克差不多都动弹不了，从北面攻占莫斯科的企图已无法实现。面对这种困境，冯·博克元帅打电话给哈尔德说："我已到了山穷水尽的地步了！"

与此同时，在南面，古德里安的部队也是消耗殆尽。古德里安在给德陆军总参谋长哈尔德将军的报告中写道：

"我集群从南面攻占莫斯科的努力已被制止。由于寒冬给我们带来的困难和冬季作战准备不足，我们想在1941年打败苏联的希望，已经在最后一分钟化成泡影。"

1941年12月5日晚，哈尔德拿着来自前线的报告，怀着忐忑不安的心情，敲响了元首办公室的大门。

德军最高统帅希特勒正坐在沙发里，一只手支着头，似乎在打瞌睡。

哈尔德看到这一情形，正要退出去，希特勒却好像脑袋上长了眼睛似的，开口说道："哈尔德将军，请坐吧！我正要找你，前线有什么最新消息？"

哈尔德简单地讲了博克、古德里安来自前线的报告，最后慢吞吞地说：

"现在除了转入防御之外，看不到有什么使陆军摆脱绝境的办法。"

哈尔德知道希特勒是不愿听到这些话的，但他不能不这样说。

果然，希特勒听后大发雷霆：

"为什么要停下？为什么要转入防御？难道仅有一步之遥的莫斯科真的就拿不下来了吗？你，博克，还有古德里安，你们的斗志都到哪里去了？难道你们都是些稻草人吗？"

希特勒气得肌肉抽筋，唇上的那撮小胡子在微微抖动。

哈尔德第一次失去了自持力："我是坚强的，我的元首。可是我们的士兵却穿着单衣在零下四十度的冰天雪地中挣扎，你了解在风雪交加中挣扎着的德军官兵的悲惨处境吗？你了解他们的心情吗？"

希特勒不禁一愣，不由得双眼直视哈尔德，粗声粗气地说："哈尔德将军，你怎敢在我面前使用这种语言！你认为你可以教训我，说我不知道前线的士兵在想什么，第一次世界大战时你在哪里？简直是无法无天！"

说完，希特勒无力地瘫在沙发上。

哈尔德说完也感到有些后悔，开始担心自己恐怕要被革职。想到这里，他的心里凉了半截，悄悄地离开了房间。

一个小时以后，希特勒又召回哈尔德。当哈尔德惴惴不安地走进希特勒的办公室时，希特勒仍然坐在沙发里。他抬起一只手，向哈尔德指了指桌上的一份文件。

哈尔德的心顿时猛地一揪，莫非这是一份撤职命令？哈尔德心中喃喃自语。

当拿起桌子上的文件看时，他心中悬着的一块石头落了地。上面写着：

第 39 号指令：

东方突然提前降临的严冬和因此而出现的补给困难，迫使我军不得不停止所有较大规模的进攻作战而转入防御……

哈尔德轻嘘了一口气，当他把脸转向希特勒时，感到希特勒此时的脸色非常难看。刚才还暴跳如雷的他，现在看起来却显得一点儿力气也没有。

No.3 "把侵略者打回老家去"

由于严重的战斗减员和冻伤减员，德军兵力在一天天减少。与此相反，苏军新的预备队却在不断地开赴前线，无论是在数量上，还是在气势上都更胜德军一筹。

1941 年 12 月 6 日凌晨，希特勒做梦也没有想到，由朱可夫指挥的苏联西方方面军，在其他方面军的协同下，以 100 个师的兵力向德军发起了全线大反攻。

坚守的将士们迎着曙光，将磨砺已久的、闪着寒光的复仇利剑向敌人的心脏刺去。

罗科索夫斯基盼望已久的时刻终于到来了。他的士兵虽然被迫退到莫斯科的大门口，但是始终没有被打垮，斗志没有消沉，现在终于等到反击侵略者的时机了。

12 月 7 日晨，严寒席卷着大地，大地被一层浓雾笼罩。在第 16 集团军突击前沿，士兵们正紧张待命。

7 时 20 分，几十门火炮和迫击炮的炮口对准了德军的克留科沃抵抗枢纽部。

炮手们一动不动守在大炮旁，等待着那激动人心的一刻。

"开炮！" 7 时 30 分整，司令员罗科索夫斯基从电话里下达了进攻的命令。

一瞬间，信号弹腾空升起。大炮的轰隆声冲破了漫天大雾，打破了清晨的沉寂。

"喀秋莎"火箭炮炮弹划出一道道火光，冲向德军的克图科沃筑垒枢纽部。

在 13 分钟的炮击之后，第 16 集团军各部开始发起冲击。

在第 16 集团军对面的仍是德军最强大的军团，虽然德苏双方的力量发生了变化，但是集团军在有生力量、火炮和迫击炮方面的优势也只超过敌人 1 倍。双方的坦克数量相等。

因此，战斗打响之后，双方便展开了激烈的交战。克留科沃镇数次易手。战斗从白天持续到黑夜。即使在黑夜，也可见弹光闪闪，纵横交错地在空中组成火网，手榴弹爆炸的火花在硝烟里纷飞。直至 12 月 8 日下午，克留科沃及其邻近的几个居民地才被解放。

慌忙向西逃窜的德军丢弃了 54 辆坦克，约 120 辆汽车及很多武器、弹药和军用器材，甚至还丢下了两门 300 毫米火炮。很显然，这是德军曾经准备用它来轰击莫斯科的武器。

克留科沃大街上，挤满了欢迎的群众。许多居民、妇女、小孩和老人顶风冒雪伫立在街头欢迎红军。他们衣衫褴褛，由于饥饿和缺乏睡眠而面容憔悴，看得出他们真是饱受了战争的痛苦。正因为这样，他们才更加感激把他们从法西斯德军凌辱之下解放出来的红军战士。

"红军万岁！红军万岁！""把德国侵略者打回老家去！"这样的口号响彻大街小巷。

解放克留科沃之后，第 16 集团军部队又开始在伊斯特拉总方向上全线转入进攻。

随着战斗的进展，士气高昂的苏军逐渐掌握了主动权。这时，早一天发动进攻的加里宁方面的部队已经在加里宁以南楔入德军防御。

加里宁方向的攻势起初是成功的，但由于时值冬季，道路无法通行，加上兵力不占绝对优势，苏军后来受阻。在此形势下，西方方面军右翼趁机向德军施加了强大压力，准备

▲ 1941 年 12 月 5 日，苏军向德军发动全面反击。

分隔并合围从克林到索尔涅奇诺戈尔斯克的德军集团。

苏军对克林的进攻，迫使德军指挥部开始从邻近地段调兵增援，但他们这样做，反而便利了红军向索尔涅奇诺戈尔斯克、红波利亚纳和伊斯特拉的进攻。

这次反攻开始后还不到一个星期，朱可夫感觉自己已经疲劳到了极点，睡意阵阵袭来，特别想打瞌睡。此时，朱可夫的两眼布满了血丝，眼睛深陷到眼窝里，声音则是嘶哑的。但朱可夫仍然凭着他非凡的毅力坚持着。

在最疲劳的时候，朱可夫在桌子上放着好几杯酽得发黑的茶。他喜欢喝酽茶，而且喝得很多，因为可以借此起到提神的作用。就是依靠这种坚强的意志，朱可夫始终保持着惊人的精力，焕发出无穷的智慧。他忘我工作，并且牢牢掌握住了部队的指挥权，对部属也是严加管理和约束，不容有丝毫的懈怠。

当时，别洛夫在朱可夫手下负责指挥南部预备队集群。别洛夫有着顿河哥萨克的那种倔强脾气，无论什么事总喜欢自己做主而不去询问上级司令部的意见。12 月 16 日到 18 日，别洛夫指挥 2 个哥萨克骑兵师和近卫第 1 师打垮了德军坦克第 17 师、步兵第 28、第 29 和第 30 师，解放了斯大林诺哥尔斯克和韦涅夫。

尽管别洛夫相当有威望，而且很受斯大林器重。可是朱可夫不管这些，照样毫不客气地向他说出自己的意见。

一次，朱可夫有事与别洛夫商谈。"我命令你一刻钟之内到我这儿来。"朱可夫冲着话筒那端的别洛夫喊道，"你不能来？……为什么不能来？这个我不管，我命令你到这儿来！……你要是不来，我关你的禁闭！……你听懂了吗？"

最终，别洛夫准时赶来面见了朱可夫。

朱可夫一贯认为，作战行动一旦开始，方面军司令员必须呆在司令部里，以便同他的下级指挥官、邻近的方面军、最高统帅部和总参谋部保持经常不断的通信联系。但是在这次反攻期间，朱可夫有时却不得不到各个方面军司令员那里去协调、指导他们的行动。

因为陷入劳师费时的正面进攻，突击部队一时无法前进。在反攻开始后大约1个星期，朱可夫看到战争事态仍然没有较大的改观，当机立断，及时发布了如下命令：

追击敌人必须迅速，以防敌人脱离战斗。必须广泛使用强大的先遣部队去夺占公路交叉点和隘路，并打乱敌军的行军队形和战斗队形。

我严禁对强固的抵抗中心实施正面进攻。先头梯队应毫不停顿地绕过它们，把它们留给后续梯队去歼灭。

朱可夫之所以发出上述命令，是事出有因的。当时，许多苏军指挥员缺乏进攻作战的经验，有的指挥员由于担心被合围，对于把部队投入战线上的缺口，有些犹豫不决。这就对整体的作战计划产生了不利影响。

除此之外，大规模装甲兵团的不足，也妨碍了朱可夫制定的突破计划的完成。由于缺少坦克，朱可夫只好采取了弥补措施，向德军后方派出了滑雪部队、骑兵和空降兵，以封锁德军的退路。虽然比不上坦克有效，但由于这些部队作战出色，达到了牵制德军的预期目的。

此时，在德国军官中间弥漫着越来越浓厚的悲观情绪。

一连几天，德陆军参谋长哈尔德从前线得来的都是不祥的消息。博克给他打电话时，几天前那种以为攻占莫斯科胜券在握的兴奋没有了，一点儿也没有了，相反换成了一种无可奈何的语调，有气无力的说道：

"哈尔德将军，不得不告诉你一个不好的消息，中路的第4集团军的进攻没有成功，两翼也无法跟上去。如果继续这样打下去，将军，尽管我很不愿意说，但作为军人我必须说，我们快要到山穷水尽的地步了……"

"元帅，您的部队就在莫斯科城下了，再加最后一把劲儿，莫斯科城门就要为您洞开了。您知道，元首日夜盼望着您的好消息……"哈尔德企图继续为博克打气。

"我又何尝不想，可是，难哪……"对方完全是一种无可奈何的语气。

"那您打算怎么办？"

"也许我们应该转攻为守，准备打防御战了。您是知道的，最好的防御是坚决的进攻！"

"当然，兵法上都是这么说……"

哈尔德这边放下电话，那边第2坦克集团军指挥官古德里安的报告又送到他的案头。哈

尔德打开一看,不由更加丧气了。这位天天与坦克打交道的"闪击英雄"古德里安的报告中写道:

我集团军从南面攻占莫斯科的努力已被制止。我没办法,这里的气温已下降到零下30度以下,坦克差不多动弹不得了。由于我的侧翼威胁日增,因此很可能还得后退。最后说一句,我感觉,我们以前的牺牲和煎熬很可能归于徒劳了。对此,我很痛心。古德里安。

古德里安的报告尽管写得生硬,但意思已经十分明了。

傍晚,第4坦克集团军参谋长勃鲁门特里特打来电话,报告前方进攻失利的情况。哈尔德跟他私交不错,所以他小声问勃鲁门特里特说:

"你总的感觉怎么样?我们真的要重演拿破仑的悲剧吗?"

对方没有急于回答,显然是在想措辞。沉寂了一会儿,他说:

"你在足球场上肯定见过这样一种局面,我们三个前锋,已经带球突入禁区,把对方的后卫都甩在身后,面前只有一个守门员了。左边锋射门,球被挡了回来,右边锋补射一脚,又被挡了回来,中锋在离球门很近的情况下,以为天赐良机正要起脚射门,后卫补上,守门员更是扑救格外凶狠,门前一阵混战,终于在最后一秒钟将球扑住了。于是,一切都成了泡影……"

琢磨了好一会儿,哈尔德才明白了勃鲁门特里特所说的话的意思,也明了前线的局势。还有什么好说的呢?是前锋太笨还是守门员太强,是上帝的旨意还是鬼使神差,谁又能说得清楚?但有一点是清楚的,"球已在对方守门员手里,比赛还远未终止,所以前锋只好往回跑吧……"

哈尔德心事重重地来到陆军总司令布劳希奇的办公室,看见这位陆军的最高统帅,坐在沙发里,一只手支着头,似乎在打瞌睡。哈尔德干咳了一声。布劳希奇抬起惺忪的眼皮,望了一眼进门的人,见是哈尔德,便示意他坐下。

哈尔德简单讲了博克、古德里安、勃鲁门特里特的报告,布劳希奇默默地听着,不时地点头。最后,他说:

"是的,他们是对的,现在除了转入防御之外,看不到有什么使德军摆脱绝境的办法。"

布劳希奇说着,很吃力地从沙发上站起来,慢慢走到写字台前,拿起一张纸,递给哈尔德。

"最近我的心脏病一再复发,体力明显不支,看来无法完成元首交给陆军的那些伟大而艰巨的任务。我已决定向元首递交辞呈……"

希特勒听到前线准备后退防御,布劳希奇要求辞职(尽管他一直对布劳希奇缺乏好感)的消息,顿时怒不可遏。他两眼闪着冷光,盯着站在面前的哈尔德,那特意留着小胡子的上唇不时抽搐、抖动着。就这样足足僵持有两分钟，弄得哈尔德浑身不自在。

突然，希特勒一拳砸在桌子上，随即呼地从椅子里站起来，开始发作：

"愚蠢！愚蠢透顶！我们好不容易离莫斯科只有一步之遥了，这层薄纱只要指头一戳就要破了，为什么要停下！为什么要转入防御？博克、古德里安、赫普纳，脑子里塞满了稻草，难道你也是个木头人吗？几个月的战争，我们损失仅仅50万。而苏联人却是我们的10倍！凭什么说我们已经丧失了优势？不对，优势还在我们这边，还在我手里！"

希特勒张开双手，在空中抓了一把，又紧紧地捏着拳头，放在脸前晃动着。

由于过于激动，希特勒额边那用来掩盖秃顶的不多的几根头发散落下来。他背起手走了几步突然一转身，冲着哈尔德喊道："你告诉博克他们，不许撤退，后退一步都不行！"

哈尔德一句话也没说，赶紧退了出来。

与此相反，朱可夫指挥下的苏军却是捷报频传，对德军两翼之突击集团发动的决定性反攻取得胜利。到12月13日为止，德军在克林和索尔涅奇诺戈尔斯克地区的抵抗被粉碎，丢下大量的大炮和车辆，仓皇向后退却。

德军沿着积雪覆盖的道路向西退却，一路上遭到苏军飞机的轰炸，损失惨重。

在此后的几天里，苏军将德军赶出了加里宁、克林和耶列茨。别洛夫将军的部队和弗拉索夫将军的部队在对德军的大规模进攻中，缴获了许多武器和车辆。

▼在苏军的包围和严寒的逼迫下，德军被迫举手投降。

苏联新闻局宣布，德军包围苏联首都的企图已经失败。苏联报纸刊登了赢得莫斯科会战胜利的红军将领们的照片，分别是朱可夫、列柳申科、库兹涅佐夫、罗科索夫斯基、戈沃罗夫、鲍尔金、戈利科夫、别洛夫和弗拉索夫。朱可夫的一张大照片位于中央，周围是其他将领的较小的照片。

在大反攻期间，朱可夫巧妙地使用了方面军的空军，因而使德军在这场战争中第一次失去了空中优势。在可供使用的苏军飞机中，有3/4用于支援方面军右翼部队的作战行动，而其余的飞机（包括最高统帅部配属给西方方面军的3个空军师）都用来援助别洛夫将军的骑兵部队以及第10和第50集团军。朱可夫将方面军空军指挥所同自己的司令部放在一起，有助于对它的控制和保持相互间的紧密协调。

朱可夫的成功，与其独特而有效的领导方法是分不开的。为确保牢固地、不间断地控制部队，朱可夫采取了一套自己的做法。有时候，他的方法是非正统的，是同苏军战术实践相反的。虽然，朱可夫也承认，把司令部设在靠近前线地方的做法是违背安全准则的，但同时认为，战时最优先考虑的是必须同下属保持经常不断的密切联系。

12月16日夜间，古德里安接到希特勒的一个电话，禁止他继续后退，并答应派来补充部队。哈尔德也在半夜接到指示，连夜去向元首汇报情况。希特勒在这次会见中给德军鼓气：

请安静！全面退却问题，毫无考虑的余地。敌人仅仅在几个地方取得了重大突破。关于修筑后方阵地的主张，完全是胡说八道。前线唯一的困难是，敌军士兵在人数上超过了

▼撤退中的德军装甲部队。根据希特勒的命令，他们纵火焚烧了村庄。

我们。它的炮兵一点儿不比我们多。它的士兵同我们的士兵相比差得远。

由于第二阶段进攻的失利，德国陆军总司令布劳希奇元帅、中央集团军群司令博克元帅和其他几十名将军被撤职。12月19日，希特勒宣布自己亲自接任陆军总司令，代替被解职的冯·布劳希奇元帅。

第二天，古德里安飞到东普鲁士，同元首讨论前线形势。希特勒的态度不太好，冷冰冰地对古德里安说，作为元首，自己有权利要求德国官兵作出自我牺牲。古德里安回答道，只有在值得作出牺牲的时候，才可以要求作出牺牲，然后抱怨说冬装还没有运到。希特勒一听，立即愤怒地加以否认。等到把陆军军需兵司令兼军需局局长找来核实以后，希特勒才不得不承认古德里安所说的确实是事实。

1941年圣诞节那天，红军对古德里安所部的进攻取得了重大胜利——在切尔恩合围了德军机械化步兵第10师的部队。德军突围后，古德里安命令部队后撤到苏萨河－奥卡河一线的阵地。

冯·克卢格元帅对古德里安的后撤非常生气，要求陆军最高司令部解除其职务。第二天，古德里安便被撤职了。

德军在莫斯科附近的损失是毁灭性的。在苏军反攻期间（12月6日至25日），朱可夫的西方方面军摧毁和缴获了1,000辆坦克、1,434门火炮和大量其他军事装备。西南方面军的部队缴获或击毁了81辆坦克、491门火炮，还有其他兵器。德军阵亡和被俘人数约为30万人。

德军对莫斯科的威胁基本被解除了。

No.4 来之不易的胜利

由于朱可夫的反攻取得了胜利，1942年1月1日，苏联方面军战线的态势如下：

第1突击集团军、第16和第20集团军正在把德军向后推到拉马河和鲁扎河一线（最高统帅部已把第30集团军调给加里宁方面军）。

在中部，第5、第33、第43、第49集团军则在鲁扎河、纳拉河和奥卡河一线，向莫扎伊斯克、博罗夫斯克、马洛亚罗斯拉维茨和康德罗沃方向实施攻势作战。

在左翼，第10和第50集团军，以及别洛夫的集群正胜利地追击德军，向尤赫诺夫、莫扎伊斯克和基洛夫（莫斯科西南）挺进。

同时，加里宁方面军正向斯塔里察和尔热夫总方向上进攻，而重建的布良斯克方面军的部队正在西方方面军左翼稍后的奥卡河一线作战。

这时，朱可夫左翼的各集团军处于特别有利的地位。他们已深深楔入德军防线，能够展开一次胜利的攻势。但是，为了做到这一点，需要新的部队。可是，方面军的预备队已经用完，朱可夫要求再拨给一些部队，最高统帅部没有同意。

此时的斯大林，正在为红军在莫斯科附近的胜利所陶醉，认为德军没有做好冬季作战的准备，因而想在从拉多加湖到黑海的整个战线上尽快开始总攻。

1942 年 1 月 5 日晚，苏联首都莫斯科大本营。

斯大林紧急召开会议，讨论从拉多加湖到黑海全线总攻的计划。正在前线的朱可夫被召到莫斯科参加这次会议，商讨今后的作战计划。出席会议的有国防委员会委员、总参谋长沙波什尼科夫以及最高统帅部的其他成员。

沙波什尼科夫扼要地通报了前线情况，谈了作战计划草案。斯大林打算把正在实施的反攻扩大到战线上的所有其他地段，目的是要消灭列宁格勒附近、莫斯科以西以及乌克兰和克里米亚的敌军。

斯大林对沙波什尼科夫的汇报作了总结："现在，德军在莫斯科附近遭到失败后惊慌失措，而且他们过冬的准备很差。现在正是发动总攻的最好时机。"

对于作战计划作了说明以后，斯大林问道："谁有什么要说的吗？"

朱可夫意识到，实施这样大规模的攻势是不可能的，因为苏军现在根本不具备进攻所需的巨大的人力、物力。

于是，朱可夫发表了自己的看法，并提出了建议："斯大林同志，我有不同的意见。我认为，在西线条件比较有利，敌人还未来得及恢复部队的战斗力，应当继续进攻。但是，至于我军在列宁格勒附近和西南方向上的进攻，我认为我军在那里面临的是敌人顽强的防御，没有强大的炮兵装备，他们不可能突破敌人防线。我主张加强所有的兵力于西线各方面军，在这里实施更强大的进攻。"

坐在朱可夫一旁的沃兹涅先斯基接着说："我同意朱可夫同志的意见，我们现在还不具备足以保障各个方面军同时进攻的物质条件。"

接下来，会场上出现了片刻的沉寂。对于朱可夫的不同意见，有点头称是的，也有摇头反对的。大家的目光一致投向坐在桌子一端的斯大林身上。

斯大林轻轻地磕了一下手中的烟斗，不紧不慢地说："这个问题，我同铁木辛哥商量过，他主张在西南方向上也行动起来。应当尽快消耗德寇，使之不能在春季进攻。"

斯大林接着扫视了一下全场，问道："还有谁想发言吗？"

没有人回答。

最后，斯大林站起身，用一种特有的坚定而果决的口气讲道：

"我们的冬季大反攻势在必行，要局部服从整体，不管有多大的困难，也要咬紧牙关克服它，不达目的，誓不罢休。现在，我命令！"

全体在座人员刷地起立，目光严肃地投向斯大林。

1月7日傍晚，朱可夫的方面军司令部接到指令：西方方面军和加里宁方面军的任务是设法合围莫扎伊斯克－格查斯克－维亚济马地区之敌。

红色信号弹飞上了天空。

各舰队的舰炮、航空兵以及远程火炮向德军实施猛烈的轰击，地面和空中火力延伸后，苏军发起了全面反击。

一场在冰天雪地的鏖战以苏军强劲反突击开始，各路反突击大军犹如一把把闪光的利剑直捣德军固守的防御阵地。

1月8日，气温已经下降到零下42℃，可怕的严寒不仅摧残着德军士兵的身体，而且还使他们的机器停转，武器失灵。

而此刻，苏军的反攻部队在大炮掩护下，不断出现在早已冻得浑身麻木的德军面前。许多冻伤的德军士兵连枪栓也拉不开，只得束手就擒。

这是德军遭到毁灭性打击的一天！

新任中央集团军群司令克鲁格再也不听命于希特勒，坚决要求撤出危在旦夕的第4军团。希特勒闻讯，大发雷霆，亲自飞往前线召见克鲁格，希望从他口中听到所谓"真实情况"，以便去收拾那些"懦弱胆怯"的手下将领。

面对这位神经质的帝国元首，克鲁格不断地给自己鼓气，最终还是道出了部队的实情：德军目前缺衣少物、损伤过半，而且正遭到严寒侵袭和苏军两翼合围。

当克鲁格将这些严重情况一五一十汇报完之后，一直处于狂怒状态的希特勒才不情愿地闭上了嘴。

当气温直线下降到零下52℃时，冰天雪地中的德国士兵再也不能作战了。德军的临时防御体系一再被突破。

1942年2月1日，为更密切地组织西方方面军和加里宁方面军的协同动作，最高统帅部恢复了西部方向总司令的职务，并任命朱可夫担任这一职务，同时继续兼任西方方面军司令员。

这时，叶菲列莫夫中将指挥第33集团军的3个加强步兵师，前进到维亚济马接近地，并在那里进入战斗。第33集团军向维亚济马总方向展开进攻以后，叶菲列莫夫决定在德军能够调来预备队之前攻占维亚济马，如此一来，就会使敌人陷入岌岌可危的境地。出于此种考虑，叶菲列莫夫决定亲自带领突击集群迅速而大胆地向维亚济马冲击。

但是，2月3日到4日，当叶菲列莫夫的主力到达维亚济马接近地时，德军向乌格拉河附近的突破口实施突击，将苏军从中切断。紧接着，德军沿乌格拉河一线恢复了防御阵地。第33集团军的右翼部队被阻挡在珊斯基－扎沃德地区，而它的左邻第43集团军未能给予援助。随后，第33集团军的后方也被德军切断了。

在此关键时刻，最高统帅部采取果断行动，派遣空降兵第4军空降到奥泽列契尼地区，用以加强别洛夫的骑兵军，并同加里宁方面军骑兵第11军保持协同。但是，由于缺乏运输机，只有空降兵第8旅共2,000人空投到指定地域。

别洛夫集群、叶菲列莫夫集群以及空降兵部队，在德军后方进行了2个月的作战。2月10日，空降兵部队在游击队配合下，占领了莫尔珊诺沃－迪亚基列沃地区，消灭了德军坦克第5师的司令部，缴获了大量武器装备。朱可夫的司令部同别洛夫和叶菲列莫夫建立并保持着通信联系，尽可能地向他们空投了弹药、药品和食品，而他们的许多伤员则通过飞机撤回后方。

4月，冰雪开始解冻，情况逐渐恶化起来，突击集团很难进行机动作战。针对此种情况，朱可夫指示别洛夫和叶菲列莫夫脱离战斗，设法同西方方面军会合。朱可夫命令他们经过游击区，沿杰斯纳河沿岸的森林向基洛夫方向突围。可是，大胆和固执的叶菲列莫夫中将认为这条路线太长了，于是用无线电向总参谋部请求准许他走一条最短的路线——渡过乌格拉河突围。

斯大林同意了叶菲列莫夫的意见，否决了朱可夫的决定，并命令在第43集团军的地段组织相向突击。遗憾的是，德军猜透了叶菲列莫夫的企图，预先设置了强大的障碍，结果苏军被打散，叶菲列莫夫和炮兵主任奥弗罗西莫夫少将壮烈牺牲。

与此同时，沉着而谨慎的别洛夫将军指挥骑兵同空降兵部队，准确执行了朱可夫的命令，巧妙绕过德军的重兵集团，对德军实施短促突击，并沿方面军指挥部指定的突破地段运动。在此期间，别洛夫得到了朱可夫的具体指示，这些指示通常复制一份送给斯大林。

朱可夫在任何情况下都不束缚别洛夫的主动性，从不凭借上级的地位行事，而总是以老同志的身份向别洛夫提出最合理的建议。

别洛夫率领部队历经5个月的艰辛，终于胜利回到了方面军阵地。虽然许多重武器和很大一部分战斗装备都丢失了，但大部分人员都安全归队。

在3月底到4月初，西部方向各方面军努力执行统帅部的指令，设法粉碎尔热夫—维亚济马地区的德军的进攻，但未能奏效。此时，道路不好和补给品得不到保证增加了部队作战的困难。

至 4 月 20 日，最高统帅部接受了方面军领导人的建议，下令停止进攻，在大卢基－杰米多夫－别雷伊－杜霍夫施纳－第聂伯河－涅利多沃一线转入防御。这时尔热夫、格查茨克、基洛夫等地仍然在德军手里。

尽管如此，从全部冬季进攻战役中，西方方面军的部队向前推进了大约100到350公里，在一定程度上改变了总的战略战役态势，尤其是使莫斯科获得了一定的喘息时间。

莫斯科会战以苏军的胜利而宣告结束。在会战中，德军总共损失了 50 万人，1,300 辆坦克，2,500 门火炮，15,000 多辆汽车和很多其他技术装备。红军解放了 11,000 多个居民点，收复了克林、加里宁、卡卢加等许多城市，赢得了最后胜利。

德军在莫斯科战役当中的失败，是德国法西斯发动第二次世界大战以来所遭到的第一次大失败，打破了希特勒"闪电战"不可战胜的神话，大大鼓舞了世界反法西斯主义的斗争。莫斯科会战后，德军的有生力量大大削弱，而且从此开始走下坡路，而苏军却得到了进一步的发展壮大，士气高昂。

枪声停息了，漫天飞舞的大雪覆盖了莫斯科的原野。

冬天即将过去，春天就要来临，明媚的阳光即将照耀这块一度被阴云笼罩的苏联大地。

苏联军民仿佛已经看到了黎明的曙光，听到了胜利的号角⋯⋯

▼莫斯科夜间被炮火映红的克里姆林宫塔尖。

图书在版编目（CIP）数据

血捍莫斯科 / 二战经典战役编委会编译 . — 北京：
中国铁道出版社，2015.7（2022.1 重印）
　　（时刻关注）
　　ISBN 978-7-113-17256-5

　　Ⅰ . ①血… Ⅱ . ①二… Ⅲ . ①莫斯科保卫战－通俗读
物 Ⅳ . ① E512.9-49

中国版本图书馆 CIP 数据核字（2015）第 125812 号

书　　名：**血捍莫斯科**

作　　者：**二战经典战役编委会**

责任编辑：田　军　　　　　　　　　电　话：（010）51873005

编辑助理：刘建玮

装帧设计：艺海晴空

责任印制：郭向伟

出版发行：中国铁道出版社有限公司（北京市西城区右安门西街 8 号　邮编 100054）

印　　刷：永清县晔盛亚胶印有限公司

版　　次：2015 年 7 月第 1 版　　　　2022 年 1 月第 3 次印刷

开　　本：787mm×1092mm　　1/16　印张：11　　字数：250 千字

书　　号：ISBN 978-7-113-17256-5

定　　价：39.80 元